호모포비

L'HOMOPHOBIE

Daniel Borrillo / Caroline Mecary

©Presses Universitaires de France / Humensis, 2019

Cet ouvrage a benéficie du soutien des Programmes d'aide à la publication de l'Institut français.
이 책은 프랑스 해외문화진흥원의 출판 번역 지원 프로그램의 도움을 받아 출간되었습니다.

호모
포비

다니엘 보릴로
카롤린 메카리
김영신 옮김

동성애혐오기원과
동의원 성역로동 애사성기 혐와애원 오기혐

차례

*일러두기

'동성애 혐오'라는 용어는 동성애자와 이성애자 모두에게 논란을 불러올 소지가 있다. 이 용어로 현실의 다양한 양상을 다 담아낼 수는 없기 때문이다. 최근의 논의는 이 문제와 관련해서 여러 의견을 내놓고 있다. 그러나 분명하게 파악된 하나의 현상으로서 이 책에서는 이 용어를 채택했음을 밝혀둔다.

들어가는 말

　동성애 혐오는 남성 또는 여성의 동성애에 대한 적대적 태도를 의미한다. 이 용어는 1971년 미국에서 처음 사용된 것으로 보이지만 1990년대 후반에야 프랑스어 사전에 등장했다. 《새 로베르 소사전》에 따르면 동성애 혐오자는 동성애자에게 혐오를 느끼는 사람이다. 《라루스 소사전》은 동성애 혐오를 동성애 배척과 동성애자에 대한 예외 없는 적의로 정의한다. 만약 동성애 혐오의 기본적 요소가 실제로 게이와 레즈비언 그리고 LGBTIQ(lesbian,gay,bisexual,transgender,intersexual or queer)일반에 대한 비이성적 거부, 더 나아가 그들에 대한 증오를 표출하는 것이라면 동성애혐오를 위와 같은 사전적 의미로만 축소할 수는 없다.

외국인 혐오, 인종차별, 반유대주의 또는 성차별주의와 마찬가지로 동성애 혐오는 타인을 대립적 존재로서 열등하고 비정상적인 사람으로 지정하려는 자의적 의사 표현이다. 이 확고부동한 차별은 타인을 다른 곳, 다시 말해 인간 공동체 밖으로 밀어낸다. 혐오스러운 범죄, 수치스러운 사랑, 병적 취미, 불결한 풍습. 추악한 열정, 자연을 거스르는 죄악, 소돔의 악덕, 등과 같은 지칭이 수 세기 동안 동성 간의 애정이나 성적인 관계, 욕망을 규정짓는 데 사용되었다. 반사회적이고 엽기적인 역할로 유폐된 동성애자는 사회적 규범에 따라 통제 불능의 기이하고 낯선 존재로 지정된다. 게다가 악은 언제나 외부에서 유입된다. 프랑스에서는 동성애를 '이탈리안 악덕', '아랍 풍습', '그리스의 악습' 또는 '식민지 관습'으로 부른다. 동성애자는 흑인, 유대인, 또는 외국인처럼 언제나 타자이자, 다른 사람, 동화 불가능한 사람이다.

게이와 레즈비언에 대한 적대감을 둘러싼 최근의 우려는 지금까지 동성애 문제를 다루었던 방식을 변화시키고 있다. 동성애를 일탈로 취급했던 과거의 연구방식에서 벗어나 이제 이런 성관계의 형태를 일탈로 간주하도록 이끄는 원인에 주목하고 있다. 따라서 분석대상을 동성애 혐오로 전환하는 것은 정치적 변화뿐 아니라 인식론적 변화를 촉발한다. 이는 동성애의 기원과 양태를 이해하거나 아는 것과는 하등 관계없이 특정한 성적 지향으로 촉발된 적의를 분석대상으로 삼기 때문이다.

정치적으로는, (제도적 무관심에 놓인)[1] 동성애가 문제시되는 것이 아니라 특수한 사안으로 다루어져야 할 동성애 혐오가 문제로 등장한다. 동성과의 성생활이 선택의 문제이든 동성에 대한 성적 욕망의 구조적 특성의 문제이든 동성애는 이제부터 이성애만큼 합법적인 성관계의 형태로 고려되어야 한다. 현실적으로 동성애는 성적 다원성의 단순한 표현이다. 인간의 성 본능에서 지속적이고 변함없이 이어져 온 또 다른 형태다. 성인 간의 합의된 행위로써 동성애 행위는 적어도 프랑스에서는 사생활에 속한 여타의 표명과 마찬가지로 보호받고 있다. 인격적 특질인 동성애는 제도적인 무관심 속에 놓여야 한다. 피부색, 종교 또는 인종과 마찬가지로 동성애는 시민으로서의 정치적 참여와 권리 주체의 자격에 관여하지 않는 조건으로 간주하여야 한다.

그러나 원칙적으로 고유 권한의 행사나 권리 실현이 인종, 성별, 종교, 정치적 입장 또는 사회적 계급의 영향을 받지 않는다 할지라도 동성애는 권리를 온전히 실현하는 데 있어 하나의 장애물로 남아 있다. 이 차별속에서 동성애 혐오는 이성애를 당연한 본성으로 상정하고 거기에 우월적 지위를 부여하며 성을 위계화함으로써 동성애를 열등한 것으로 만드는 주요한 역할을 담당하고 있다.

사전은 이성애를 "이성애자의 (정상적이라고 여겨지는) 성" 또는 "다른 성별을 지닌 사람 간의 자연스러운 성에 관련된"것으로, 이성애자는 "상반되는 성별을 지닌 개인에게 (정상적이라 여겨지는) 성적인 매력을 느끼는"사람으로 규정하지만, 동성애는 이성애를 규정하는 정상성이 제거된 상태로 나타난다. 동의어 사전에도 <이성애>라는 단어는 존재하지 않는다. 반면, 안드로가미, 안드로필, 호모필, 인버전, 페데라스트, 페도필, 소크라티즘, 우라니즘, 안드로포비, 레즈비아니즘, 사피즘, 트리바디즘 등이 <동성애>의 동의어로 등재되어있다. 그리고《로베르 소사전》은 이성애자를 단순히 동성애자의 반대로 규정하지만, 동성애자를 지칭하는 어휘들은 넘쳐난다. 게이, 호모필, 페데라스트, 엉퀼레, 폴, 호모, 로페, 로페트, 뻬달, 뻬데, 탕트, 타페트, 인베르티, 소도미트, 트라베스티, 트라블로, 레즈비엔, 고모렌, 트리바드, 구인, 바이섹슈엘. 이런 언어적 불균형은 동성애를 문제적 현상으로 과도하게 규정하면서, 자연스럽고도 분명한 성이 있음을 암시하는 이데올로기 조작이다.

동성애/이성애의 다름은 단지 확인되는 것만으로 그치지 않는다. 그 차이는 특히 섹슈얼리티의 체제를 구축하는 데 사용된다. 그 속에서 이성애자의 성적 태도만이 사회적 기준이자 여타의 모든 성 활동의 준거라는 자격을 얻는다. 따라서 이 성적 질서 속에서 생물학적 성(남성,여성)이 남자와 여자의 고유한 사회적 태도를 결정짓는 것과 마찬가지로 이성애를 유일한 성적 욕망으로 결정한다. 그리하여 성차별과 동성애 혐오가 성의 이항 체제에서 필수적인 요소로 나타난다. 성별 구분과 이성애적 성욕은 무엇보다 생물학적 재생산의 기제로써 사회적 질서를 재생산하는 장치처럼 기능한다. 동성애 혐오는 이처럼 성적 경계(이성애/동성애)와 성별 경계(남성/여성)의 수호자가 된다. 이것이 바로 동성애자가 동성애 혐오 폭력의 유일한 희생자가 될 수 없는 이유다. 동성애 혐오는 성별의 고전적 질서에 따르지 않는 모든 사람을 겨냥하고 있다. 여장남자, 성전환자, 양성애자, 강한 개성을 지닌 이성애 여성, 예민한 감수성과 섬세함을 지닌 이성애 남성 등.

동성애 혐오는 복잡하고 다양하고 광범위한 현상이다. 여성스러운 남자를 조롱하는 저속한 농담 속에 은연중 나타나기도 하지만, 나치 독일의 경우처럼 절멸의 의지를 담은 노골적 폭력의 형식을 취하기도 한다. 완전한 배제의 형식으로서 동성애 혐오는 차이를 증명하는 것에서 멈추지 않는다. 동성애 혐오는 차이에 주석을 달고 물리적인 결론을 도출한다. 그리하여 동성애가 유죄라면 도덕적인 비난이 필요하고 가혹한 화형으로 정화하는 것은 논리적인 결론이 된다. 만약 동성애자가 범죄에 결부되었다면 운 좋은 경우 추방이고 최악의 경우 극형에 처해 진다. 여전히 몇몇 국가에서는 실제로 이런 일이 벌어지고 있다. 환자로서 규정된 동성애자는 의학적 관심의 대상이며 동성애를 바로잡을 수 있는 과학적 처방에 따라야만 한다. 특히 60년대까지 서구사회에서는 전기 충격요법이 사용되었다. 만약 동성애 혐오의 가장 순화된 형태가 레즈비언이나 게이에게 관용을 드러내는 것이라면 그것은 그들을 침묵과 소외의 영역에 남겨두고, 그들의 성이 불완전하고 부차적이라는 전제를 바탕으로 한다. 사생활의 내밀한 영역으로 인정받는 동성애가 공개적으로 이성애와 동등한 자격을 요구하는 순간 문제가 발생한다.

　동성애 혐오는 이처럼 동성애와 이성애가 동등한 가치로 인정받을지도 모른다는 두려움에 기반한다. 특히 그중에서도 이성애적 질서의 위계와 경계가 사라질 수 있다는 불안감을 드러내고 있다. 이러한 공포는 일상적인 욕설과 모욕으로 표현될 뿐만 아니라 지식인이나 전문가의 펜에서, 혹은 공개적인 토론 속에서도 등장한다. 동성애 혐오는 일반적으로 흔한 현상처럼 받아들여진다. 자신의 사춘기 아이들이 동성애 혐오라는 사실을 발견하고 걱정할 부모가 얼마나 될까? 반면, 한편에서는 가족 안에서 고통의 근원이 되어버린 동성애 자녀들은 빈번히 심리상담으로 인도되고 있다.

　드러나지 않게 일상적으로 공유된 동성애 혐오는 이성애자들의 확고한 적대감으로 이어지지만, 상식의 성질을 띠고 있다. 이러한 이유로 그들의 이념적 구조와 더불어 그들의 행동과 태도 속에서 동성애 혐오를 살펴보는 것은 당연하다. 동성애 혐오란 무엇일까? 이것은 다른 형태의 낙인찍기와 어떤 관계가 있을까? 동성애 혐오의 기원은 무엇일까? 동성애에 대한 상대적 비하와 동시에 이성애의 우월성이 어떤 담론으로부터 어떻게 구축되었을까? 동성애 혐오자의 성격을 어떻게 규정할 수 있을까? 무엇으로 이와 같은 폭력에 맞설 수 있을까? 우리는 이 질문에 구체적으로 답하기 위해 이 책을 네 개의 장과 실제적 제안을 담은 결론으로 구성했다.

　우리는 동성애 혐오 현상을 명확하게 규명하려 할 때 마주치게 되는 용어의 문제와 그것의 현실적 정의를 분석하는 연구로 시작할 것이다. 그리고 이 문제의 범위와 쟁점들을 좀 더 분명하게 이해하기 위해 인종차별, 반유태주의, 성차별 그리고 외국인 혐오 같은 다른 형태의 배척과 함께 조망할 것이다.

두 번째 장은 동성애 혐오자의 증오가 어디에서 유래하는지 그 기원에 관한 연구에 할애할 것이다. 이교도 세계가 동성애 관계에 대해 취했던 상대적 관용은 승리를 쟁취한 기독교의 적개심과 극명하게 대비된다. 소돔에 대한 단죄는 유대-기독교 전통(억압체계의 요체로서)에서 다양한 양태의 동성애 혐오 중 근본적인 전조 요소로 나타난다.

이어서 우리는 <소돔의 죄악>이라는 개념을 <변태성욕>이라는 개념으로 대체하고, 그로부터 동성애를 '감정 진화의 돌발적인 사고', '사랑의 문화적 퇴행', '사생활의 어리석은 선택', '부르주아의 죄악' 혹은 '종에 대한 위협'으로 간주하는 주요 교리들에서 전파된 이성애 이데올로기를 분석할 것이다. 이에 따라 게이나 레즈비언은 종교나 자연의 질서라는 명목이 아니라 정신의학, 인류학, 계급 의식이나 혹은 라이히Reich가 자신의 이론을 구축하면서 동성애 혐오자의 증오를 효과적으로 재활성화시켰던 위생학의 이름으로 박해 대상이 된다.

문제의 이중적 차원, 곧 한편으로는 비이성적 거부(감정적)와 다른 한편으로는 이데올로기의 구축(인지적)은 우리

18

가 사회적 수준에서만큼 개인적인 수준에서도 이 문제를 검토하도록 요구한다. 따라서 동성애 혐오자의 심리적 성향과 이성애적 환경의 요소들은 책의 네 번째 장에서 다룰 것이다.

마지막 결론으로서, 우리는 이 특정한 형태의 반감과 배척에 맞설 수 있는 예방적이고, 억지력을 지닌 제도적 전략에 관심을 쏟을 것이다.

이 책은 문제로 대두되고 있는 어떤 현상에 대해 몇 가지 성찰적 요소를 제시하는 것 외에 다른 의도는 없다. 동성애 혐오 담론의 이론적 참고와 마찬가지로 인용된 역사적 사례들은 불가피하게 충분히 다루어지지 않았고 따라서 더 깊이 다루어져야 할 것이다. <성적 일탈>의 모든 형태에 대한 적대감, 특히 동성애에 대한 적대감은 유대·기독교 문명만큼이나 오래되었다. 그러한 사례들을 모은 유일한 보고서[2]는 막대한 분량을 보여준다. 역사적 사례들은 그 자체의 철저한 분석 대신 이론적 논증을 예시하는 데 사용될 수밖에 없다. 이 책은 사회학적 조사, 심리학적 분석 혹은 법률적 연구보다는 문제의 현상과 원인 그리고 대책을 모색하는데 촛점을 맞추었다.

제
1
장

용어의 정의와 문제들

용어의 정의와 문제들

동성애 혐오라는 용어는 1998년에야 프랑스어 사전에 처음으로 등장했다. 그 전에는 전문적인 어휘사전에서도 이 용어를 찾아볼 수 없었다.[3] 이 용어는 1971년 K.T.스미스 K.T.Smith가 동성애 혐오자의 특성을 분석하는 논문에서 처음 사용한 것으로 보인다. 일 년 후, G.와인버그G.Weinberg는 동성애 혐오를 "밀폐된 공간 안에서 동성애자와 함께 있는 공포, 그리고 동성애자 본인의 자기 자신에 대한 혐오"로 정의했다. 비슷한 시기에 동성애자들에 대한 적대감을 공포증적 차원으로 드러내는 다른 용어들이 나타났다. <호모에로토포비>, <호모섹소포비>, <호모섹시즘>, 그리고 <헤테로섹시즘> 등이 여러 전문가에 의해 제시되었다.

최초의 논평은 J.보스웰Jonh Boswell로부터 나왔다. 그는 <

동성애 혐오Homophobie>라는 용어가 "동성애자에 대한 공포"보다는 오히려 "동성애자로 보이는 것에 관한 공포"를 의미한다는 점을 지적했다. 이는 역사학자들이 비록 혼성어일지라도 어원학적으로 더 적절하다는 이유로 <동성애 공포증homosexophobie>이라는 단어를 선호하는 이유이다. 그러나 이 용어 역시 만족스럽지 못한데, 왜냐하면 온건한 형태의 적대감을 은폐하면서 심리적 두려움(공포증)의 극단적인 태도만을 예외적으로 드러내기 때문이다. 게이와 레즈비언에 대해 적의에 찬 반응과는 다르게 일상적 동성애 혐오는 피해자들이 대부분 인식하지 못하는 상징폭력(부르디외,1998)의 형태를 띤다. 그런 의미에서 문제를 더욱 명확히 인식하기 위해 허드슨Hudson과 리켓Ricketts은 동성애 혐오와 동성애 부정homonégativité의 구분을 제안했다. 후자는 통상적인 의미로 동성애 혐오 특유의 불안과 반감을 표현할 뿐 아니라 사회적 도덕적 법률적 혹은 인류학적 수준에서 동성애에 관한 부정적 인식 태도 전반에 관한 것이다. <동성애 혐오>라는 용어는 하나의 현상이 지닌 두 가지 다른 측면을 나타내고 있다. 동성애자들에 대한 기피를 표현하는 정서적 성질의 개인적 측면과 거부 대상이 동성애자 개인이 아닌 사회적이고 심리적인 현상으로서의 동성애라는 인지적이고 문화적인 측면이 있다. 이러한 구분은 낙인 찍힌 집단의 구성원을 용인하거나 공감하면서도 자신들의 관점에서 모든 평등 정책을 수용할 수는 없다고 느끼는, 현대사회에 폭넓게 자리 잡은 현상을 더 잘 이해할 수 있게 한다(시민연대계약PACS과 동성 부모 논쟁은 평등 문제를 철저히 회피했다는 면에서 매우 중요한 의미를 시사한다).

우리는 <동성애 혐오>라는 용어에 대한 비판적 고찰로부터 편의상 이 용어를 채택하면서 동시대 프랑스 상황에서 게이와 레즈비언에 대한 적대감을 더 적절하게 드러내는 정의를 도출하려 노력할 것이다.[4]

백인 우월성을 주창하는 이데올로기를 인종차별주의라는 용어로 부른다. 하나의 성이 다른 성에 대해 우월성을 주장하는 것은 성차별주의라 불린다. 반유대주의는 유대인의 열등함을 정당화하는 의견을 지칭하고 외국인 혐오증은 외국인들에 대한 적의를 가리킨다. 이렇듯 정치적이고 지능적인 차별 기제가 발현되는 것은 전통적으로 성, 피부 색깔, 종교적 소속이나 민족적 기원과 관련이 있다. 한 사회가 성적 지향[5]에 기반해 차별을 조장하는 체계를 일반적인 용어로 <이성애 주의hétérosexisme>라 부를 수 있다. 이성애가 정상성의 지위를 독점하고, 기준 모델에서 벗어난 사람을 향해 경멸을 조장하는 사회적 현상의 심리적 결과인 동성애 혐오와 이성애 주의는 같은 배타성의 두 얼굴이므로 결국 반유대주의, 인종주의와 마찬가지로 단호하게 규탄되어야 마땅하다.

1. 비이성적 동성애 혐오와 인지적 동성애 혐오

게이와 레즈비언에 대한 폭력의 첫 번째 양상은 두려움, 혐오, 그리고 반발의 감정으로 특징지어진다. 이는 폐쇄된 공간 안에서 느낄 수 있는 불안(폐소공포증) 혹은 어떤 동물과 대면했을 때(동물공포증)와 버금가는, 전적으로 공포스러운 감정 표현이다. 그러나 이것이 <동성애 혐오>라는 용어에 주어진 본래의 의미라면 이는 현상을 부분적으로 이해하는 지극히 제한적인 의미를 띤다. 실제로 노골적인 감정표현의 폭력적 양상은 단지 개인 간의 갈등에서 비롯되는 비이성적인 태도일 뿐이다.

덜 노골적이지만 더 교활한 폭력이 일상적으로 벌어진다. 완곡하게 표현되는 사회적 유형의 동성애 혐오는 평소 타인을 분류하고 파악하는 방식으로 설정된 경멸적 태도에 그 뿌리를 두고 있다. 정서적(심리적) 동성애 혐오가 동성애를 정죄하는 것이라면, 인지적(사회적) 동성애 혐오는 이단에 대한 정통파의 아량처럼 교화의 형태를 띠고 관용을 권장하면서 동성/이성의 차이를 확고하게 고수하려 한다. 후자의 동성애 혐오자는 동성애자를 배척하지는 않지만, 그 누구도 동성애자가 이성애자와 정확히 같은 권리를 누리지 못한다는 사실을 충격적으로 받아들이지 않는다. 동성애 혐오는 모욕과 농담, 과장된 표현과 일상어 속에서 게이와 레즈비언을 마치 기괴한 사람이나 조롱의 대상으로 묘사한다. 욕설은 감정적 동성애 혐오와 인지적 동성애 혐오의 위협 수단이다. D.에리본D.Eribon에 따르면 "'더러운 호모', '더러운 레즈비언'은 흘려들을 수 있는 단순한 단어들이 아니다. 이들은 의식에 영향을 미치는 언어폭력이며 육체와 기억에 각인되어 상흔으로 남는다(왜냐하면 주눅, 거북함, 수치심은 외부 세계가 적대감을 보일 때 생산되는 신체적 반응들이기 때문이다). 그리고 그러한 모욕에 따른 결과 중 어느 하나가 자신과 타인, 세계와의 관계를 규정하는 데 사용된다. 다시 말해, 한 개인의 개성, 주관, 존재 그 자체마저 규정한다."[6]

심리적 동성애 혐오가 드러내는 맹목적인 폭력은 우리 사회의 지난 역사를 가로지르는 반동성애 태도의 패러다임에 동화된 결과일 뿐이다. 때때로 동성애자에게서 느끼는 유치한 두려움은 유대·기독교에 기반한 서구의 문화적 생산과 최근 이슬람주의의 성장에서 비롯되었다. 이처럼 인지적 동성애 혐오는 동성애자와 동성애에 대한 인식을 상투적으로 단순화시킨 진부한 편견 위에 구축하고 있다.

2. 일반적 동성애 혐오와 특정 동성애 혐오

현상의 복합성을 고려하여 맨 먼저 심리적(개인적) 동성애 혐오와 인지적(사회적) 동성애 혐오를 구분할 필요가 있었지만 이러한 구분만으로 충분한 것은 아니다. 게이와 레즈비언에 대한 다양한 형태의 적대감이 같은 용어로 모자이크된 상황을 더 분명하게 이해하기 위해서는 다른 구분이 필요하다. 우리가 앞에서도 언급했던 것처럼, 동성애 혐오는 비단 동성애자들에게만 맞서는 것이 아니라 정상적인 성 규범에 부합하지 않는 것으로 여겨지는 모든 사람을 대상으로 한다. 이렇게 확장된 범위에 따라 일반적인 동성애 혐오와 특정 동성애 혐오를 구분 지을 수 있다.

프랑스의 사회학자 D.웰저랑Welzer-Lang은 동성애 혐오의 개념을 게이나 레즈비언에 대한 단순한 두려움을 넘어, 이미 확립된 사회적 성역할을 거스르는 행위에 일관된 적대감을 표출하는 담론과 행동으로 확장한 최초의 인물이다. 웰저랑에게 일반적인 동성애 공포증은 성차별 즉, 남자/여자의 성별, 특히 여성성/남성성이라는 젠더에 따른 차별의 표명일 뿐이다. 이런 형태의 동성애 공포증은 "다른 성에 할당된 특성(결점)을 보이는 사람을 향한 차별"로 정의된다. 예를 들어 남성 우위가 깊게 뿌리내린 사회에서 동성애 혐오는 일종의 '젠더 감시'를 수행한다. 왜냐하면 남성다움은 여성성의 부정뿐 아니라 동성애의 거부에 의해 구축되기 때문이다. 웰저랑에 따르면, "남성의 동성애 혐오는 남성들 간의 민감한 관계(성적이든 아니든)에, 특히 그들이 동성애자로 판명되거나 동성애자임을 자청할 때, 그들에게 오명을 씌우거나 폭력과 추방을 통해 낙인을 찍는 것이다. 또한, 전통적인 여성성의 정의에 부합하지 않는 여성 사이의 관계에 대한 낙인이나 부정이다."[7]

이처럼 일반적인 동성애 혐오는 남성성에서 여성성으로, 그리고 그 반대로 여성성에서 남성성으로의 일탈과 변화를 정죄하고, '올바른 성별'에 대한 소속감을 상기시키며 개인을 끊임없이 세뇌한다. 일말의 동성애 의혹도 존재의 가장 근원적인 정체성을 문제 삼는 배신으로 느낀다. 요람에서부터 파란색과 분홍색은 맹목적으로 개인이 남성성에 속하는지, 여성성에 속하는지를 가리키는 완벽히 분할된 영역을 표시한다. "호모!"라는 모욕을 가할 때는 그의 성적 지향에 대해서는 별로 고려하지 않고 오히려 '천성적인' 남성의 신체적 특성을 따르지 않는 것을 비난한다. 또, 어떤 이들은 동성애 남/녀를 대할 때 그 혹은 그녀를 자신들이 '천성적으로' 속한 성의 배신자이거나 이탈자로 여기면서 비난을 가한다.

일반적 동성애 공포증과는 반대로 특정 동성애 공포증은 유독 게이와 레즈비언에 대한 배타성으로 구축된다. 몇몇 저자들은 '게이 공포증'과 '레즈비언 공포증'의 구분을 제안하고 있다. 특정 동성애 공포증을 범주화하고 각각의 섹슈얼리티에 따라 그에 적합하고 고유한 전문용어가 필요하기 때문이다. 레즈비언 공포증은 또 다른 특수성으로 구성되는데 이는 레즈비언이 동성애자이자 여성이라는 이중의 경멸로 규정되는 특정한 폭력에 시달리기 때문이다. 게이와는 달리 레즈비언은 섹슈얼리티와 성별에 기반한 차별을 동시에 누적하고 있다.(게이 공포증에 관해서는 4장에서 다룰 것이다.)

F.기예모F.Guillemaut에 따르면, 레즈비언은 젠더 위에 구축된 사회적 관계 안에서 그 여성성으로 인해 자신을 표면에 드러내지 않고 침묵을 지킨다. 19세기에 남성들 사이의 성관계 처벌을 위한 형벌을 재정립할 때 빅토리아 여왕의 일화는 분명 설득력이 있다. 누군가 여성 사이의 성관계를 처벌하

지 않는 문제를 제기하자 여왕은 "존재하지 않는 것을 어떻게 처벌할 것인가?"라고 답했다. 마찬가지로 리하르트 폰 크라프트-에빙R.von Krafft-Ebing은 그의 저서 《정신병리학적 성욕Psychopathia Sexualis》에서 "이와 관련된 문학 작품 중에서도 여성의 본격적인 동성애를 다룬 것은 찾아보기 힘들고 대부분 유사 동성애를 다루고 있다"고 밝혔다. 더욱이 그들이 동성애자로 알려지더라도 "여성의 동성애는 남성 동성애와 같은 심각한 결과를 낳지 않는다."[8] 여성 동성애를 비가시적으로 만드는 것이야말로 여성 동성애 혐오 폭력의 핵심처럼 보인다. 만약 여성 동성애를 '인지'하는 것이 어렵다면 그것은 H.엘리스H.Ellis가 지적하듯 "우리가 여성들 간에는 남성보다 더 큰 친밀감이 존재한다는 사실을 익숙하게 받아들이고 있고 그것이 그녀들 사이에 비정상적인 정열이 존재할지도 모른다는 의심을 가로막기"[9]때문이다. 이런 지적으로부터 몇 년 후 프로이트는 동성애를 분석하면서, 거의 남성만을 언급했다. 정신분석학의 아버지는 여성 동성애에 대해서는 단 한 건의 연구[10]에만 자신의 시간을 할애했으며, 남성 환자들과는 달리 여성 환자[11]에게는 그 어떠한 가명도 부여하지 않았다.

레즈비언이 게이와 비교해 현저히 낮은 수준의 박해를 받았다 하더라도 이것을 레즈비언에게 더 큰 관대함을 보인 것으로 해석할 수는 없다. 역으로 이러한 무관심은 훨씬 더 경멸적인 태도의 표현일 뿐이며, 남성 욕망의 도구로써 여성의 섹슈얼리티를 치부하면서, 여성들 사이의 에로틱한 감정 관계는 상상할 수 없는 일로 여기는 여성혐오를 반영하고 있다. 이성애적 음란물의 이미지는 정확히 이 주장을 완벽하게 예증한다. 여성들 사이의 섹스 게임은 철저히 남성을 흥분시키기 위한 장면들로 배치된다. 비록 여성이 쾌락을 느끼는 것처럼 보일지라도 삽입과 사정으로 섹스 스펙터클을 완수하는 것은 언제나 남성이다.

　(무해한 것으로 간주된)레즈비언을 포함해서 여성의 섹슈얼리티에 대한 남성의 무시는 여성 스스로 성별의 지위에 이의를 제기할 때, 다시말해 아내나 어머니이길 거부할 때 폭력적으로 돌변한다. 《반페미니즘의 한 세기》(크리스틴 바드 Christine Bard. 1999년-옮긴이)가 여성 해방 투쟁에 대한 증오를 증명하고 있다. 만약 여성이 모성을 거부한다면, 남성화가 되면서 여성 자신의 정체성뿐 아니라 인구 균형에 위험을 초래하기 때문에 그 자신은 물론 사회에 위험요인이 된다.

　페미니스트의 요구가 시작되는 순간 의사들은 이 자유분방한 여성들을 "자기 아이들의 방보다 수술실을 더 좋아하는" 타락한 여성들로 묘사하며 격렬하게 반발했다. 자신의 사회적 기능을 포기한 여성들이 "남성적인 소녀, 여성적인 소년의 증가를 유발하면서, 도덕적으로나 육체적으로 변태적인 세대"[12]를 출현시킨다. 그들은 여성이 자신에게 주어진 아내, 그리고 어머니의 역할을 거부하는 이유로 남성혐오를 들고 있다.

Ch.바드가 강조한 바와 같이 "본성에 따라 결혼과 모성애로 운명 지워진 성 규범에 단지 자신들의 실존으로 저항하는 레즈비언들은 같은 '운명'에 도전하는 페미니스트들과 자연스럽게 결합한다. 레즈비언 공포증은 '자연에 반'하는 '부도덕한' 페미니즘을 효과적으로 표현하는 수단이므로 반페미니즘과 레즈비언 공포증은 서로가 서로에게 자양분을 공급한다."[13]

반페미니즘적 삽화가 어떻게 자율적인 여성을 레즈비언으로, 그리고 레즈비언을 눈에 띄지 않고 소극적이며 단지 순간적 감정의 단순한 희생자이자 '진정한' 남자의 구원으로 '개선'될 수 있는 존재로 그리고 있는지를 보라.

3. 동성애 혐오, 성차별, 그리고 이성애 주의

동성애 혐오는 성별과 성적 취향 간의 사회적 관계를 결정하는 성 질서로부터 독립적으로 검토될 수 없다. 남자와 여자의 차이를 자연스럽게 받아들이는 것이야말로 각자에게 부여된 역할을 사회적으로 정당화하는 근본적 요인이 된다. 자연적이라 일컫는 성별 간의 질서는 여성이 남성에게 신체적 문화적으로 종속되어있으므로 여성은 남성을 보완해야 한다는 사회적 위계를 결정한다. 성차별주의는 그때부터 성별 간의 관계를 조직하는 이데올로기로 정의된다. 그 안에서 남성은 정치적이고 외적인 세계에 속한 것으로 나타나고, 여성은 사적인 세계와 하인의 지위를 가리킨다. 남성의 지배는 교묘하고 보이지 않는 방식으로 작동하는 특정한 형태의 상징폭력으로 나타나는데 바로 지배자에 의해 표출되고 피지배자에 의해 자연적이고 필요 불가피한 것으로 수용되기 때문이다. 성차별주의는 여성에 대한 지속적인 대상화로 특징지어진다. P.부르디외P.Bourdieu는 다음과 같이 주장한다. "우선 '여성'은 타인의 시선을 위해 그리고 그 시선에 의해 존재한다. 즉, 친근하고, 매혹적이며 언제든 이용할 수 있는 사물로 존재한다. 여성스러운 여성에게 기대하는 것은 언제나 미소 짓고 공감하고, 배려하고, 순종하며, 사려 깊은 신중함으로 남들 눈에 띄지 않는 여성이다. 소위 여성성이라는 것은 때로 남성의 기대, 특히 자아실현과 관련해서도 남성의 실제 혹은 예측된 기대에 부응하려는 태도에 지나지 않는다. 결과적으로는 타인(남성뿐만 아니라)에 대한 의존 관계가 그들 존재의 구성요소가 되려는 경향이 있다."[14]

성차별주의와 다를 바 없는 성의 질서는 남성에 대한 여성의 종속성과 함께 동성애 혐오의 근간이 되는 성의 위계화를 내포하고 있다. 따라서, 이성애의 도덕적, 생물학적 우월성에 대한 지속적 환기는 성의 규범을 구축하려는 정치 전략에 속한다.

이성애 주의는 이처럼 하나의 척도로 등장하고 그로부터 모든 여타의 성(섹슈얼리티)이 평가되어야 한다. 이 규범성과 그것이 구현하려는 이상은 이성애 주의로 불리는 특정한 형태의 지배를 구성한다. 이성애 주의는 이성애를 우월적 지위에 놓으면서 성적 위계를 신념으로 규정한다. 다른 형태의 성은 기껏해야 불완전하고 우발적이며 정도에서 벗어난 것으로, 최악의 경우 병적이고 범죄적이며, 부도덕하고 문명 파괴적인 것으로 나타난다.

이성애 주의의 또 다른 양상(수사학적으로는 더 현대적이지만 실제로 더 폭력적인)은 이성애와 동성애 간 차이를 강조하는 것으로 특징지어진다. 이 논리에 따르면 상이한 상황에 따른 분별적 대우는 결코 부당한 차별이 아니다. 성의 법적 경계를 지우는 것에 반대하는 것은 위계나 규범(자유 진영에서는 부정적 가치로 느껴질)의 이름이 아니라 다양성의 보전(긍정적으로 이미 체험한)이라는 명목으로 이루어진다. 새로운 형태의 인종주의[15]와 마찬가지로 차이를 우선시하는 이성애 주의는 성의 다양성이라는 원칙을 위해 이성애 우월성의 원칙과 거리를 두는 것처럼 보인다. 게이와 레즈비언의 결혼이나 입양, 혹은 인공수정의 권리를 박탈하는 차별적 대우를 정당화하는 것은, 규범화의 의지가 아니라 차이의 명목으로 이루어진다.

  소위 성의 다양성이라는 이름으로 생물학적 성차와 사회적 성차를 보존하기 위해 차이에 우선권을 부여하는 담론은 동성애 혐오를 가장 노골적으로 드러내면서 이성애적 질서를 다시 활성화하고 있다. 이와 같은 분리적 이성애 주의는 확실히 더 교묘하고 효과적인 동성애 혐오의 한 형태로써, 동성애자에 대한 차별과 거리를 두면서 필연적으로 완화된 형태의 분리주의를 낳는다. 1999년 프랑스에서 차이의 명목으로 평등 원칙을 부분적으로 침해하는, 게이와 레즈비언에 대한 예외 규정의 입법화가 정치인뿐만 아니라 그때까지 진보적이라고 여겨졌던 지식인들에 의해서도 제안되었다.

  전적으로 동성애만을 문제로 삼는 바로 그 순간 동성애

혐오적 논거가 생산될 수 있다. 즉, 인격의 한 측면(성적 지향)이 권리 실현에 장애가 되고 있다는 사실을 드러내는 대신, 분리적 사고는 차이를 묻고 강조하는 데 몰두한다. 그러나, 주의를 기울여야 하는 것은 이 차이(실제적이거나 허구적인)가 아니라 '동성애 특수성'을 이처럼 문제화하면서 개인을 생식적 존재로 규정하는 메커니즘과 그것을 지속적으로 강화하는 모든 담론과 관행, 절차와 제도다. 한때 여성의 시민권을 제한하기 위해 사용된 차이의 논리는 1950년대 중반까지 미국 대법원에 의해 인종적 차이에 기초한 흑인의 열성을 정당화하기 위해 발동되었다. 같은 원리로 남아공의 아파르트헤이트는 비백인을 정치적 권리에서 완전히 배제 시킨 후에 1983년 각 부족을 위한 의회를 설립함으로써 분리주의로 진화했다. 마찬가지로 비시 프랑스 정권은 1940년 10월 3일의 법령으로 유대인의 지위를 정하고 분리를 정당화하기 위해 이 차이를 내세우고 이론화했다. 개인을 억압하고, 사고방식까지 규정하는 이 모든 메커니즘이 현대적 형태의 지배를 창출한다(푸코, 1976). 따라서 차이를 강조하는 사고는 생식과 성의 정체성이 남성/여성, 이성/동성의 범주에 조응하는 주체를 생산하는 이념적 토대가 된다. 이 범주들은 독립적이지 않으며 심지어 더 의존적이다. 하나의 범주는 다른 범주에 따라, 그리고 그 반대 범주의 부정에 의해서만 존재한다. 남자가 된다는 것은 무엇보다 먼저 여자가 아니라는 것이고, 이성애자가 된다는 것은 반드시 동성애자가 아니라는 것을 의미한다. 창세기로부터 낭만주의 문학을 경유해서 정신분석학에 이르기까지 여성은 부족한 사람으로 (완성되기 위해서는 남자가 필요한)로 여겨졌다. 마찬가지로 동성애(남/여)자는 언제나 남성성이나 여성성에 제대로 동화되지 못한 결과로 나타난 미완의 인격자다.

인지적이면서 규범적인 총체적 현상으로서 이성애 주의는 이성애자에게 전적으로 특혜를 보장하면서 동성/이성 집단 간의 기본적인 차별화를 전제로 한다. 이성애 주의와 동성애 혐오의 관계는 성차별주의와 여성혐오의 관계와 같다. 이들이 서로 묶이지 않으면 하나는 다른 하나와 독립적으로 이해될 수 없다.[16]

동성애 혐오를 다른 형태의 배척과 비교하기에 앞서 그것의 특수성을 과소평가하지 않도록 동성애 혐오를 구성하는 특징을 상기할 필요가 있다. 동성애 혐오는 동성의 개인을 열망하거나 그들과 성적 관계를 맺고 있다고 추측된 남녀에게 심리적, 사회적 적대감을 전반적으로 표출하는 것으로 정의할 수 있다. 성차별의 특수한 형태인 동성애 혐오증은 자신의 생물학적 성별에 따라 정해진 역할에 순응하지 않는 모든 사람을 거부한다. 하나의 섹슈얼리티(이성애)가 다른 섹슈얼리티(동성애)를 희생시키면서 이데올로기를 견고하게 구축하고 성의 위계화를 조직함으로써 정치적 결론을 도출한다.

4. 인종차별, 외국인혐오증, 계급주의와 동성애 혐오

어떤 것을 과대평가하고 다른 것을 무시하는 포괄적 폭력으로서의 동성애 혐오는 여타 비하의 형태와 동일한 논리를 띤다. 인종주의 이데올로기이건, 계급주의 혹은 반유대주의 이데올로기이건 추구되는 목표는 언제나 타인의 인간성을 말살하고 타인을 가차 없이 다른 존재로 만드는 것이다. 동성애 혐오증은 다른 형태의 배척과 마찬가지로 감정(확신, 편견, 신념, 환상 등), 행위(행동, 관행, 절차, 법) 그리고 이데올로기적 장치(이론, 신화, 교리, 권력기관의 담화)를 중심으로 형성된다.

위에 언급된 모든 배타성의 극단적 보수성은 특히 타인에 대한 불신으로 편향된 하나의 견해를 공통의 비합리적 근거에서 도출하고 통상적인 편견을 정교한 교리로 전환한다는 사실에 있다.

그러한 배타성을 분석하기 위해서는 편견의 정당성을 산출하는 배척의 의식 구조와 통념의 결합을 이해하는 것이 필요하다.

동성애 혐오는 동성애로 낙인찍힌 공동체의 강한 문화적 정체성, 비밀리에 은밀한 자금을 동원할 수 있는 역량, 공개적이든 아니든 자신들의 네트워크를 구축하고 활용하는 능력에 대한 비난으로 이어진다.[17] 그러나 어떻게 그토록 강력하다고 알려진 조직의 구성원들이 그리 오랫동안 차별을 겪으며, 오늘날에도 여전히 기본적인 몇몇 권리의 박탈을 용납할 수 있었는가 라는 기본적인 질문은 철저히 은폐되어있다. 외국인들과 마찬가지로 동성애자들 역시 그들의 '기이한 관행'으로 문화적, 도덕적으로 사회의 결속력을 위협하고 있다는 의심을 받고 있다. 동성애 혐오 담론은 그런 환상을 자신의 무기로 삼는다. 동성애에 대한 반감이 일정 수준을 넘어서면 동성애 혐오적 발언은 가부장적 어조를 띠지 않을 수 없다. 과거에는 여성들에게, 오늘날에는 아이들과 장애인들에게 하는 것처럼 동성애자들을 열등 인자로 대하며 일종의 보호 감독하에 놓으려 한다. 동성애자가 피해자인 이 불공정한 대우는 지배 그룹의 차별적 관행을 은폐하고 피지배자

의 '구조적 결함'을 강조하는 지배 메커니즘에 의해 정당화된
다. 피부색이 다르거나, 음경이 없거나, 동성애자이거나, 그들
의 심리적 특성은 나르시시즘, 즉, 심리적 장치의 정상적인 진
화가 정체되어 발생한 정서적 무능력 혹은 타자에 대한 인식
불능을 나타낸다.

　도덕적인 수사학이나 학술적 언어, 그 어떤 방식을 취하
든, 차별의 논리는 문명화된 우리와 야만적인 그들이라는
대립의 논리에 따라 작동한다. 세기 초, 식민지 원주민의 성
도덕을 연구한 수많은 논문은 원주민 공동체 안에서 동성
애에 대한 관용이 원시 문화의 공통적 특징으로 나타날 수
밖에 없다는 것을 증명하려 했다.[18] 애정보다는 동물적 성향
에 더 근접한 야수적 섹슈얼리티의 분방함으로 식민지 원주
민을 에워쌌다. 같은 시기 의사들은 그와 같은 사고방식으
로 성적 방종과 쾌락이 하층계급의 전유물이며 부르주아만
이 유일하게 신중함과 절제를 발휘한다고 주장했다. G.천시
G.Chauncey는 퇴화 이론이 어떻게 가난한 자와 빈곤 그 자체
의 부도덕성을 그 계급 본연의 타락으로부터 설명하게 되었
는지를 잘 보여주었다. "19세기 일단의 정신과 의사들은 정
신 건강만큼이나 도덕성 역시 사회적 구조물이자 계급의 기
능이라는 주장을 옹호했다. 상위 계급에 속한 사람이 하층

계급(부도덕한)의 행태를 보이는 것은 심리적 장애 증상이다. 또 다른 의사들은 하층계급이 자신들의 과도한 리비도로 인해 성적 문제와 질병을 더 많이 겪는다고 주장한다." 당시의 의사들이 자신의 환자들에게, 미래의 동성애자가 될 수 있는 자녀들의 자위행위를 경고할 정도로, 부르주아 가정에 끼어든 가사 고용인들과 같은 노동계급 사람들은 자신의 고용인들로부터 품위있는 가정에 타락을 유입한다는 의심을 받았다. 같은 사고방식으로 여성 동성애에 대한 의심은 특히 고객의 '변태적 요구'에 응해야만 했던 매춘부들에게도 겨누어졌다.

인종적, 계급적 범주든 성별과 섹슈얼리티의 범주든, 불평등을 유발하는 힘으로 작동하는 이 범주들은 차이를 고착시키고 지적으로 체계화하는 것을 목표로 한다. 아주 오랫동안 성별의 차이가 여성의 차별 대우(보호하는)를 정당화했고 같은 방식으로 인종적 차이가 식민주의와 노예제도를 정당화했다. 그러나 이 분야에서 이룩한 진전에도 불구하고 불평등 문제의 해결은 요원하다. 여성들은 남성보다 낮은 임금을 계속 받고 있으며, 직업 활동에 상관없이 가사 노동과 자녀 교육의 책임을 부여받고 있다. 더욱이 아프리카와 마그레브(북아프리카의 모로코 알제리 튀니지 등의 지역-옮긴이) 출신들은 고용에 있어서 더 큰 어려움을 겪고 있다.

한쪽을 소외시키고 다른 쪽의 격상을 정당화하는 차이의 생산을 목표로 둔 지배 논리는 바로 우리가 살펴본 모든 억압 형태들의 상호작용 속에서 그 핵심을 파악할 수 있다. 개인으로부터 사회에 이르는 권력 체계로써, 이 범주들은 경제적, 정치적, 사회적 혹은 법적 자원들에 대한 불평등한 접근의 기준을 편성한다.

개인의 차원에서, 지배자가 부여한 지위에 대해 피지배자의 체념을 부추기는 것은 주체화의 정신적 과정-차별받는 개인 스스로 차이의 본질을 받아들이도록 하는-으로 가능해진다. 정치적, 경제적, 행정적 의사결정 기관들에 소속된 여성의 낮은 비율이 문제로 대두되더라도 이는 한정된 범위에서 매우 제한적이고 소극적인 대책으로 이어질 뿐이다. 외국인 이주 노동자에 반대하는 노동계의 완고한 차별 관행에 대해서도 분노를 드러내는 일은 극히 드물다.

불행하게도 기억이란 매우 짧다. 오늘날 동성결혼을 반대하는 주장은 과거 미국에서 인종 간 결혼을 금지했던 그 편견을 유지한다.[19] 동성애 혐오의 문제는 역사적으로 노예, 유대인, 프로테스탄트를 배제했던 냉혹한 논리에 포함되면서 동성애 문제를 넘어선다. 한때, 배우들 또한 결혼의 권리에서

42

배제당했다.

내국인과 외국인의 문화적 차이(인종차별의 완곡한 표현), 남녀의 성별 차이와 마찬가지로 이성애자와 동성애자 사이의 섹슈얼리티의 차이는 권리, 권한, 특권, 보조수당, 재산, 문화, 명성 등과 같은 문화적 자산에 대한 접근과 배분에 있어서 불평등한 시스템의 객관적 지표로 제시된다. 물론 평등의 원칙이 공식적으로 선언되었지만, 지배자들은 차이의 이름으로 차별의 의지를 조심스럽게 숨기면서 피지배자들을 차별하는 데 능숙하다. 동성애를 차이로 구별 짓는 것은 게이와 레즈비언을 예외적(특수한) 제도 속에 위치시키며 공동의(보편적인) 권리로부터 그들을 박탈했던 정치적 메커니즘이다. 동성 커플과 이성 커플에게 동등하게 가족의 권리를 부여하는 나라가 세상 어디에도 없다는 사실은 권리의 완전한 평등을 추구하기보다 몇몇(예외적인) 권리를 부여하는 분리주의적 정책의 일반화를 잘 보여주고 있다.

우리가 동성애 혐오와 여타 다양한 형태의 배척 사이의 유사점을 부각하더라도 동성애 혐오의 분명한 차이는 지적할 필요가 있다. 이를 위해, 보스웰Boswell이 언급한 종교적 소수자의 예가 적절해 보인다. 이 역사학자에 따르면, "유대교는 도덕적 교훈과 더불어 부모에 의해서 아이들로 전해지고 있으며, 수 세기에 걸친 억압과 박해에서 길어낸 모든 정치적 지혜를 대대로 물려주었다(...) 유대교는 적어도 공동체 구성원에게 억압에 맞서는 연대의 위안을 제공할 줄도 알았다(...)동성애자 대부분은 동성애 가족 출신이 아니다. 그들은 그들의 부모나 친구의 조언이나 정서적 지지의 도움도 받지 못하고 고립된 채 그들 각자에게 향한 억압을 겪고 있다. 어떤 면에서는 그들의 상황을 시각장애인이나 왼손잡이의 상황에 비교할 만하다. 공통의 유전으로 결합 되지 않은 채 인구 속에 분산되어있으면서도 여러 문명 속에서 배제당하는 희생자들이 되었다."[20] 다른 여타의 적대적 형태와 달리, 동성애 혐오는 이미 소수자들로 구성된 집단이 아닌 분리된 개인을 대상으로 한다는 것이다. 동성애자는 자신의 동성애 섹슈얼리티로 인한 도편추방에 홀로 고통받는다. 주변의 그 어떤 지지도 없으며 특히 가족 내에서조차 적대적 상황에 놓인다. 그는 자신에 대한 경멸과 더불어 자살로 이를 수 있는 내면화된 폭력의 피해자가 되기 쉽다.

사회적으로 동성애는 지난 두 세기 동안 동시다발적으로 죄악, 범죄 그리고 질병처럼 공격받았다. 동성애가 설령 교회의 손에서 벗어난다고 할지라도 세속적인 법의 억압이나 임상의학의 통제 아래 놓이게 된다. 이런 잔인한 현실은 게이나 레즈비언 스스로 일상의 폭력을 당연하고 피할 수 없는 것으로 여기며 그들 스스로가 최초의 피해자가 될 정도로 그들의 의식에 깊은 흔적을 남겼다.

제2장

기원과 징후

기원과 징후

　동성애가 오늘날과 같은 반응을 불러일으키지도 않았고, 또 지금의 방식으로도 표출되지 않았던 서구의 과거 역사에서 동성애 혐오를 논하기는 쉽지 않다. 19세기 말에 문제로 등장한 동성애는 '동성애'라는 용어가 아무 의미도 없었던 그리스나 로마인들에게는 놀라움 그 이상으로 보일 것이다. 고대 그리스·로마 특유의 섹슈얼리티는 남자들 사이, 그리고 여자들 사이의 관계를 위한 합법적 공간을 도시에 마련해 둘 정도였다. 게이와 레즈비언을 향한 단호한 적대감의 전조적 요소들은 유대·기독교 전통에서 비롯된다. 고대 그리스·로마의 이교적 사고방식은 동성 간의 성행위를 개인의 삶(특히 남성)에 기본적이고 필수적인 요소로 간주했지만, 기독교는 유대 율법에 따라 동성애 행위, 그리고 동성애를 범하는 사람을 구원에서 제외할 뿐 아니라 특히 자연의 외부에 두었다. 승리한 기독교[21]는 이렇듯 동성애를 자연의 여백으로 처리하는 것을 동성애 혐오 이데올로기의 핵심이자 선도적 요소로 만들었다. 이후에, 남성 동성애자를 화형에 처하거나, 동성애를 감금 치료가 필요한 질병으로 여기거나, 동성애자가 절멸 수용소에서 그의 삶을 마쳐야 한다면 그것은 바로 그가 인간 세계에 참여하는 것을 포기했기 때문이다. 이와 같은 비인간화는 <반사회적 성애자>의 제거와 분리, 비하의 필수 조건이 된다.

한편, F. 발데스Valdes의 연구[22]가 보여준 것처럼 남성중심주의의 기원을 이교적 사고방식 속에서 추적할 수 있다면, 이성애와 동성애 혐오의 기원은 의심할 여지 없이 유대·기독교 사상의 성 관념에 있다. 저자에 따르면 유대·기독교 엘리트들은 고대 그리스·로마의 엘리트들과 마찬가지로 남성의 우월성과 그 결과인 가부장적 질서를 신봉했다. 그러나 그들은 성의 패러다임을 근본적으로 바꿀 수 있는 자발적 금욕을 도입했다. 이상적인 금욕주의자에게 하나의 예외, 더불어 자신의 지위도 공고히 할 수 있는 유일한 예외는 종교적 결혼을 통한 생식적 성행위뿐이다. 생식에 관계되지 않는 모든 성행위, 특히 동성애는 본질적인 불임 행위로써 자연에 반하는 죄악 중에서도 최악의 죄라는 지위를 구축한다.

성서 텍스트들의 부분적이고 편파적인 이해에 기반하여 기독교는 교부철학에서 스콜라 학파와 교리 전승을 거쳐 현대 신학에 이르기까지 동성애자를 사회의 기반마저 위태롭게 할 수 있는 버림받은 자로 만들어왔다.[23] 동성애에 대해 유죄를 선고하고 성서 속 인물들이 동성의 인물들에게 공공연히 내보였던 감정을 숨기면서, 교회는 일부일처의 이성애를 지속적으로 촉진하고자 성서의 단속을 강화한다. 소돔과 고모라가 당했던 무자비한 처벌을 상기시키면서도 다윗과 요나단[24], 루스와 노에미[25], 그리고 예수와 사도 요한[26]처럼 성서적 인물들의 강렬한 관계–겉으로 드러나지 않은 동성애적 징후–를 침묵 속으로 밀어 넣었다.

1. 그리스·로마 세계

고대 그리스는 남성들 사이의 사랑을 공인했다. 남자들의 성관계는 통과 의례적 기능을 수행했지만 그렇다고 해서 이 의식에 욕망과 쾌락이 빠진 것은 아니었다. 남성적 관능에 휩싸인 고대 그리스 사회의 분위기는 동성애를 정당한 것으로 여겼다. 실제로 청소년(eromenos)과 성인(erastes)의 관계는 결혼 생활의 예비적성격을 띠는 만큼 동성애 행위는 완전하게 사회적 인정을 받았다. 그리스어 pais(소년)와 eros(사랑)에서 유래한 '소년애(pédérastie)'라는 용어는 소년에 대한 성인 남자의 관능적이고 정신적인 감정을 내포한다. 서기 120년경 루키아노스 사모사타의 글이라 추정되는 대화는 다음과 같이 전한다. "결혼은 남자들에게 필수적이고 가치 있는 것이지만, 내가 보기에 미소년들의 사랑은 전적으로 지혜의 결과이다. 그러므로 결혼은 모두를 위한 것이어야 하지만, 미소년들의 사랑은 현명한 사람들에게만 주어지는 특권이다."[27] 성인 남자와 청소년 사이의 관계는 그리스 도시국가들의 관습이었다. 항문 섹스와 더불어 성인 남성들 사이의 동성애 관행은 오히려 군대의 요구에 부응하는 것이었다. 여러 그리스 국가들에서는 전쟁터에서 연인이 함께 생활하도록 했는데 이는 그들의 영웅심을 자극하기 위함이었다. 남성들 사이의 우정과 성관계는 극도로 조절되었다는 점을 주목해야 한다. 따라서, 배타적인 동성애 관행을 계속 고집하는 사람들은 인정받지 못하는 소수가 된다. 아테네의 입법가 솔론은 기원전 600년경 노예들이 자유 신분의 소년들과 성관계를 맺는 것을 금지하면서 남성 동성애의 규범을 정립했다.

고대 로마에서 동성애는, 시민을 도시에 대한 의무로부터 멀어지게 하지 않고, 하급자를 즐거움의 대상으로 삼지 않으며, 마지막으로 부하와의 관계에서 절대 소극적인 역할을 맡지 않는다는 전제하에 용인되었다. 당연히, 로마 시민은 결혼이 필수였고, 가장이 되어 경제적 이익과 가문의 이익을 수호해야 했다 실제로 오직 활발한 양성애만이 호감을 얻었고 로마 사회에 받아들여졌다.

그리스·로마 사회가 유달리 성차별적이고 여성 혐오적이었지만 그들은 유대교 전통 특유의 이성애 주의에 빠져본 적이 없다. 소년애라는 특정한 형식의 동성애는 가족 제도의 중심에도 자리를 잡았다. 이에 따라 남성의 동성애 관계는 주요한 사회적 역할을 수행했다. 고대인들은 이런 종류의 관행에 자연스레 동화되어서 <동성애>라는 용어조차 알지 못했다. 남자를 사랑하는 것은 규범 밖의 선택이 아니었다. 그것은 삶의 일부였고, 동성애 경험의 대부분은 이성애 관계와 번갈아 어어졌다. 사포에서 아나크레온까지, 데오그니스에서 핀다로스까지 동성 간의 열정은 고대문학의 매우 아름다운 작품에 영감을 주었다. 로마와 그리스인들은 각기 다른 이유와 방식으로, 남성이 여성뿐 아니라 다른 남성과도 성관계를 갖는 것은 매우 정상적이라고 여겼다. 그러나 남성성이 성관계에서 적극적인 역할을 맡는다는 규칙은 두 문명의 도덕에 공통적이었다.[28] '남성/여성', '능동적/수동적'의 이분법은 성별과 계급에 따라 각 개인의 위치와 권력관계, 사회적 역할을 명확하게 표현한다.

가부장적 남성 지배체제는 유대·기독교 전통으로 더욱 공고해졌지만, 이 전통은 그때부터 성별, 젠더, 섹슈얼리티의 관계를 심리적이고 사회적으로 '이성애/동성애'(제2의 천성/반 천성)라는 이분법으로 구조화했다. 남성성을 파트너의 성별이 아닌 능동적 역할로 이해하는 '능동성/수동성'의 이교적 이분법은 이제 새로운 성도덕에 반하는 것으로 보인다. 유대 전통의 계승자인 기독교는 이성애를 자연스러운, 따라서 정상이라고 할 만한 유일한 행동으로 규정할 것이다. 기독교는 이성 간의 성관계에 신의 법칙이라는 천성을 부여하면서 서구의 그 어떤 문명도 경험하지 못했던 새로운 동성애 혐오의 시대를 열었다.

2. 유대·기독교 전통

기독교의 영향 아래 로마 제국은 동성 관계를 억압하기 시작한다.[29] 일부일처제의 이성애 관계가 본성적이고 도덕적이라는 믿음과 더불어 동성애를 개인과 사회에 해로운 관행으로 인식한 테오도시우스 대왕은 서기 390년 수동적 역할을 하는 모든 동성애자를 화형에 처하도록 명했다. 테오도시우스 법전(Théodose II, 438)에 의하면 필연적으로 여성성에 연결되는 수동적 역할은 로마의 생명력과 생존에 위협을 초래한다. 그토록 혹독한 처벌을 정당화하기 위해서는 성서 속의 단죄를 근거로 삼아야만 했다. 구약은 소돔과 고모라 이야기를 내세울 것이며 신약은 바울의 서신을 근거로 동성애자에 대한 오래된 적대감을 새롭게 환기할 것이다. 사실, 창세기 속 소돔의 애달픈 이야기와 레위기의 간명한 가르침은 남녀 동성애자에 대한 성서적 증오의 명백한 증거이다. 의심의 여지 없이, 고모라와 함께 죄악이 지배하는 공동체의 전형으로 유명해진 곳은 사해 남쪽에 있는 도시인 소돔이다. 환대의 규율을 하찮게 여기고, 자만과 특히 동성애에 빠진 소돔의 주민은 불타오르는 대지 위에서 고통 속에 소금과 재로 변했다. 기독교 신앙 사전은 남성 동성애la sodomie를 "그 명칭이 소돔에서 유래한 죄로 동성애 혹은 자연에 반하는 모든 관계를 나타내는 악"으로 정의했다.

종족 보존을 특히 중요시했던 이스라엘인들은 엄격하게 생식 목적 이외의 모든 성적 행동을 엄격하게 처벌했다. 생물학적 귀속 개념에 토대를 둔 선택받은 민족은 정액을 거의 신성시하며 그것의 낭비는 가장 강력한 처벌을 받아 마땅했다. 자위행위나 가임기간이 아닌 여성과의 관계는 비난받을 행위다. 남자들 간의 성관계는 더 엄격한 처벌을 받는다. "너는 여자와 동침하듯 남자와 동침하지 말라. 그것은 가증스러운 일이다." 레위기 18장 22절이 규정하고 있다. 이에 따른 처벌은 레위기 20장 13절에 준비되어 있다. "누구든지 여인과 동침하듯 남자와 동침하면, 둘 다 가증한 일을 행함인즉 반드시 죽일지니 자기의 피가 자기에게로 돌아가리라." 이러한 처벌이 내려진 역사적 배경은 그들이 처한 상황의 심각성을 잘 보여주고 있다. 이집트에서 해방된 이스라엘 민족은 문화적으로, 그리고 인구수 면에서 생존을 보장할 엄격한 규범을 제정할 필요가 있었다. 여성을 취하는 것 이외의 다른 관행이 퍼지면 유대 민족의 가부장적 기반은 실질적으로 위험에 처하게 될 것이다. 선택받은 공동체의 생물학적 보존과 가부장적 사회의 문화적 보존이라는 이중적 필요성이 동성애 관행에 대한 적대감을 설명한다.

특히 놀라운 것은 레위기가 출현하는 사회정치적 맥락에서의 반동성애 적대감이 아니라 현대의 권력이 오늘날에도 지속적이고 반복적으로 그것을 활용한다는 것에 있다. 미국에서 남성 동성애에 반대하는 다수의 실정법은 이 성경 구절들에 기초하고 있다. 또한 1986년 당시 로마 교황청 신앙교리성 장관이었던 라칭거Ratzinger가 주교들에게 보낸 서한은 레위기의 단죄가 동성애 행위에 관한 것임을 분명히 상기시킨다. 유대·기독교적 가치에 근거하여 미국 대법원은 1986년은 남성 동성애를 처벌하는 조지아주 법의 합헌성을 인정했다.[30] 마찬가지로 몇 해 전 프랑스 민·형사 최고 재판소의 대법관은 동성 커플의 권리에 반대하기 위해 '전통적 도덕'을 내세웠다.

유대 율법의 성도덕과는 반대로 예수의 교리는 이스라엘 민족의 증식과 번식에 관심을 두지 않았다. 예수는 심지어 그의 제자들에게 아내와 떨어져 금욕에 헌신할 것을 주문했다. 어떤 경우에도 예수는 남성 동성애를 죄로 언급하지도, 동성 간의 열정에 대해 그 어떤 처벌도 언급하지 않았지만, 사도 바울은 여성 동성애를 단호하게 처벌하는 데 주저하지 않았다. 로마서 1장 26절은 이렇게 밝히고 있다. "신이 그들을 수치스러운 정념으로 인도했기 때문이다. 그리하여 여자들은 자연스러운 육체관계를 자연을 거스르는 관계로 바꾸어 버렸다." 그리고 남성 동성애를 언급하면서 바울은 다음과 같이 덧붙인다. "남자들도 마찬가지로 자연에 따르는 양성의 결합을 마다하고 그들 서로에 대한 짐승 같은 욕망에 사로잡혀 파렴치한 짓을 저지르다가 그들의 무분별함에 합당한 대가를 치뤘다." (로마 신자들에게 보내는 서간 1장 27절)

소수자들을 구원의 바깥에 놓는 오래된 유대 전통은 바울이 코린트의 기독교도들에게 다음과 같이 격렬한 어조로 상기시켰을 때 강력하게 활성화되었다. "불의한 자들은 하느님의 나라를 차지하지 못하리라는 것을 모르는가? 착각하지 말라! 간음하는 자, 우상을 숭배하는 자, 불륜을 저지르는 자, 변태성욕자, 남색, 도둑, 주정뱅이, 탐욕을 부리는 자, 모욕하는 자, 갈취하는 자는 하느님의 왕국을 상속받지 못할 것이다."(고린도 신자에게 보내는 첫 번째 서간 6장 9-10절)

예수의 다른 제자들이 동성애에 무심했던 반면 바울은 모세의 율법을 바탕으로 이 문제를 체계적으로 다시 거론했다. "우리는 율법이 정당한 자를 위한 것이 아니라 무법자와 복종하지 않는 자, 신앙이 없는 자, 죄를 짓는 자, 신성모독자와 불경한 자, 아버지를 죽인 자와 어머니를 죽인 자, 살인자, 간음하는 자, 비역하는 자를 위한 것이란 것을 알고 그 율법을 적법하게 사용할 때 그 법이 좋다는 것을 알고 있다." (디모테오에게 보낸 첫 번째 서간 1장 8-10절)[31]

교부철학은 자위행위, 간통, 그리고 특히 동성애와 같은 여성스러운 섹슈얼리티의 유약함을 비난하는 바울의 사고를 이어간다. 알렉산드리아의 클레멘스는 자연에 반하는 행위라는 개념, 플라톤적 법 개념에 따라 동성애의 유죄를 단언한다. 그러나 기독교적인 확신(la doxa)을 더욱 부각한 사람은 교부철학의 주요 인물인 아우구스티누스이다. 그는 고백록에서 남성 동성애를 자연법칙과 신의 법에 반하는 혐오스러운 범죄라 일컫는다.[32] 최초의 공식 판결이 곧 이루어진다. 350년 엘비라 공의회는 파문을 예고했으며 314년 앙카라 공의회는 남색에 대한 형벌을 마련했다.[33]

서기 1000년 초에 피에르 다미앙은 동성애 관계, 특히 성직자들 사이에서 행해지는 관계를 분석하고 규탄하는 논문인 《리베르 고모라히아누스》(고모라 서)를 작성했다. 그는 이러한 '재앙'에 대해 교회 당국의 인식을 높이기 위해 그 자신이 완벽하게 알고 있는 듯한 행위에 대해 증오를 아끼지 않는다. "모든 악덕보다 우위에 있고 처벌도 받지 않는 이 악덕은 다른 어떤 악덕과도 합당하게 비교할 수 없다. 이 악덕은 육체의 죽음과 영혼의 파괴를 가져온다. 육신을 더럽히고, 지성의 빛을 가리고, 성령을 그의 성전인 인간의 마음에서 내던지고, 악마를 그 자리에 앉히며 악한 욕망에 잠기게 하여 진리를 향한 마음을 완전히 닫아버린다. 그는 속이고 거짓말로 인도하며, 어떤 사람이 구덩이에 빠지면 탈출구를 모두

닫아버리고, 지옥문을 열어 천국의 문을 닫으며, 천상의 예루살렘 백성을 바빌론 지옥의 후계자로 삼는다." 루카스 드 페나는 남색을 살인보다 더 심각한 것으로 보고 있는데, 살인은 개인의 생명만을 파괴하는 반면, 남색은 인류의 번식을 방해함으로써 인류를 파괴하기 때문이다.

교회의 동성애 혐오 전통은 스콜라 학파의 철학, 특히 토마스 아퀴나스에게서 가장 중요한 기초를 발견한다. 교회의 의사와도 같았던 그는 신학대전에서 모든 쾌락적인 행동이 죄에 해당하는지 자문해본다. 이에 대한 대답으로 이 신학자가 남색을 바라보는 도덕적 태도를 유추할 수 있다. "토마스 아퀴나스는 이성에 의해 확립된 질서를 위반하는 인간의 행위는 죄가 된다고 적고 있다. 이 질서란 목적에 수단을 일치시키는 것에 있다. 이 목적이 진정한 선이라면 질서와 절제를 존중하며, 그 목적에 맞게 사물을 합리적으로 사용하는 것은 죄가 되지 않는다. 하지만 종의 보존은 개체의 보존만큼 훌륭하며 이 개체가 식량을 수단으로 가지고 있는 것처럼 종의 보존은 쾌락을 수단으로 갖고 있다. 아우구스티누스 성인이 이르길 음식이 인간을 위한 것이라면 육체관계는 인류를 위한 것이다. 따라서, 음식이 신체의 건강에 따라 조절될 수 있다면 그 사용이 죄에서 벗어날 수 있는 것처럼, 쾌락의 목적이 인간의 생식을 보장할 수 있을 만큼 질서와 정도를 준수한다면 그 쾌락의 사용 또한 죄에서 벗어날 수 있다."[34] 도덕적 답변은 명쾌하다. 성적인 쾌락은 단지 그것이 생식을 방해할 수 있는 행동과 결부되지 않는 한에서만 합법적이다. 실제로 자위행위는 그릇된 종(수간), 그릇된 성(동성애) 또는 그릇된 기관(구강성교 또는 항문성교)을 이용하는 모든 성행위와 마찬가지로 강력하게 비난받았다. 스콜라 철학은 이처럼 서구의 성 이데올로기를 다시 수립하는 하나의 기준을 구축했다. 부부의 이성애적 성교, 성관계에서 여성의 순종, 잉태를 위한 수단. 그러나 무엇보다도 이 기준은 식인풍습, 수간 또는 배설물 섭취와 같은 가장 혐오스러운 죄악과 동성애를 비교하면서 동성애 혐오를 구체화 시키며 당대에 확산시켰다.

1348부터 1350년까지 유럽 인구의 3분의 1 이상을 앗아간 거대한 흑사병은 오래 묵은 반동성애 적대감에 불을 지핀다. 이제부터 남성 동성애는 인구 재확보의 직접적인 위협으로 간주 되지 않을 수 없다. 특히 그때부터 본격적인 남색 사냥이 시작되었고 수백 명의 동성애자가 화형대에 올랐다. 불에 의한 사형집행은 새로운 현상이 아니다. 테오도시우스 황제의 칙령은 이미 다음과 같이 기술하고 있다. "여성처럼 다른 남성의 욕망에 순종하며 자신의 몸을 비천하게 만드는 자들, 그리고 그처럼 기이한 성관계에 몰두하는 자들, 이들은 모두 만인이 보는 앞에서 징벌의 불꽃 속에서 그러한 죄를 끝내야 한다." 공식적인 유죄 선고에도 불구하고 집행은 여전히 드문 일이었다. 13세기, 14세기, 그리고 15세기에 걸쳐 동성애자에 대한 박해는 더욱 강화된다. 18세기 말까지 게이와 레즈비언에 대한 처벌을 정당화하기 위해 소돔 신화를 참조하지 않은 형법 조항은 단 하나도 찾아볼 수 없다. 화형은 정화를 위한 필수적이고 합당한 처벌로 드러난다. 영혼을 구하기 위해 육체를 불태우는 것은 개인뿐 아니라, 공동체 내부의 영혼을 갉아먹는 악을 일소하기 위한 것이다. 신학 교리는 이처럼 동성애자에 대한 극단적 방식의 박해를 이데올로기적으로 조직한다. 그들이 창조적 질서의 가장 소중한 가치이자, 신의 의지 표현인 자연의 법칙에 반대하는 지극히 위험한 개인으로 여겨지기 때문이다.

교회법에 영향을 받은 왕권도 곧바로 남색 집단에 대한 가혹한 탄압 체제를 구축한다. 13세기 중반, 투렌-앙주의 법은 "만약 동성애로 의심받는 사람이 있다면 법 집행자는 그를 체포해서 주교 앞에 세워야 한다. 만약 그것이 사실로 입증되었다면 그를 불태워야 하고 모든 재산은 남작에게 귀속

될 것이다. 이단자는 바로 이런 방식으로 처리해야 한다"고 결정했다. 더 놀라운 것은 오를레앙의 법이 규정하고 있다. "남색이 입증된 사람은 불알을 잃을 것이고, 만약 재차 그것을 저지른다면 팔다리를 잃을 것이며, 세 번째 저지르면 화형에 처한다." 화형은 요한계시록 21장 8절에 기록된 성서의 가르침에 부합한다. "그들의 운명은 불과 유황으로 타는 연못에 던져지리니."

1783년 10월 10일 프랑스에서 동성애자에 대한 마지막 사형집행이 이루어진다. 그날 자크 프랑수아 파스칼은 <자연을 거스른 타락과 살인>의 죄목으로 화염에 휩싸였다. 프랑스 혁명은 남색에 대한 이와 같은 선고에 종지부를 찍는다. 계몽주의 철학에 영향을 받은 1791년과 1810년의 형법은 자연에 반하는 풍습에 대한 기소를 중단했다. 따라서 개인의 자유는 보존되어야 할 근본적인 가치가 되고 자유의 이름으로, 국가는 개인의 사생활에 간섭하지 말아야 한다. 그러나 이러한 관용은 일시적이었다. 사실, 두 번에 걸쳐, 프랑스 법은 시민들의 동성애에 무심하기로 한 결정을 다시 검토한다. 1942년 8월 6일, 유대인 지위법이 시행된 지 몇 달 후, 패탱 정권은 형법을 개정하여 동성애를 범죄로 규정했다. 1960년 특정한 사회적 폐해에 대처할 예산을 편성하는 국회 심의에서 동성애를 알코올 중독, 매춘업, 백인 여성의 인신매매와 같은 범주에 포함하는 수정안이 통과되었다. 그때부터 동성애는 종교기관의 관할권에 있는 자연에 반한 '죄'가 아니라 세속적인 법에 저촉되는 '범죄'이자 '동성애 질병'이 된다. 1982년이 되어서야 성적 동의 연령의 구분을 없애면서 프랑스는 동성애 행위에 대한 형사적 차별을 종식한다.[35]

대서양 건너편에서는 레위기의 구절들이 형법에 충실하게 채택되었다. 1786년 펜실베이니아주는 남성 동성애자들에게 사형을 집행한 최초의 주가 되었으며 마지막 집행은 1873년 사우스캐롤라이나에서 행해졌다. 2003년까지 미국 전체 주의 3분의 1은 여전히 남성 동성애를 범죄로 간주했으며 1986년 판결에서 미국 대법원은 남색 유죄판결이 유대·기독교 전통의 윤리적 도덕적 규범에 뿌리를 두고 있으므로 헌법에 모순되지 않는다고 판결했다.[36] 오늘날 프랑스에서는 여전히 법조인들만큼이나 정치인들도 게이와 레즈비언의 권리 평등에 반대하기 위해 자연의 질서와 전통에 호소하는 것을 고집하고 있다. 그러한 관점에서, 커플의 법적 개념을 논한 어느 책은 "소돔이 시민의 법적 권리를 요구하기 때문에 커플을 정의하는 것이 시급하다"[37]고 울분에 차 부르짖는다. 이러한 예들은 차고 넘치며, 동성애자에 대한 증오의 성서적 뿌리와 현대 정치적 담론 사이의 밀접한 관계를 여실히 보여주고 있다.

3. 현대 가톨릭교회와 동성애 단죄

교회는 갈릴레오, 유대인 공동체, 노예의 후손 등 역사적으로 교회로부터 피해를 당한 사람 중 일부에게 용서를 구하는 용기를 보였지만, 동성애자들에게 가한 잔혹 행위에 대해서는 결코 뉘우치지 않았다. 반대로 교회는 동성애자들이 여전히 피해를 겪고 있는 그 차별을 완강하게 정당화하고 있다.[38] 바티칸은 신앙교리성의 문서에서 레위기와 사도 바울의 유죄선고는 여전히 유효하다는 것을 상기시킨다. 교회는 실제로 "성경의 이런 판단은 그와 같은 비정상으로 인해 고통받는 모든 사람에게 개인적 책임이 있다는 결론은 내리지 않지만, 동성애 행위가 근본적으로 난잡한 행위이며 어떤 경우에도 승인받을 수 없다는 것을 입증하고 있다"고 밝히고 있다.[39]

또한, 최근의 교리 문답은 다음과 같이 명시하고 있다. "동성애란 같은 성에 속한 개인에게 배타적이든 우선적이든 성적 매력을 느끼는 남자들 혹은 여자들 간의 관계를 말한다.

그것은 수 세기 동안 여러 문화에 걸쳐 다양한 형태를 가지고 있다. 그것의 정신적 기원은 대부분 설명할 수 없다. 동성애를 심각한 타락으로 여기는 성경에 따라, 성전(교리)은 언제나 동성애 행위는 근본적으로 난잡한 행위임을 명확히 밝히고 있다. 이러한 행위는 자연법칙에 역행하는 것이다. 그것은 성행위를 삶의 선물로 받아들이지 않는다. 그것은 정서적, 성적 상호보완으로 발전되지 않는다. 그것은 어떤 경우에도 승인을 받을 수 없다."(교리문답 2357)

동성애자 개인에 대한 동정적 관대함은 상당히 개방적인 동성애 정책에 대한 혹독한 비난과 더불어 교회 당국의 담론을 구성한다. 교리서는 "무시할 수 없는 숫자의 남성과 여성이 타고난 동성애적 성향을 드러낸다"는 것을 인정하고 있다. "그들은 자신의 동성애 지위를 스스로 선택한 것이 아니다. 그들 중 대부분에게 이것은 하나의 시련이다." 결과적으로 "그들은 존중과 연민, 신중한 배려로 환영받아야 한다. 우리는 그들의 관점에서 부당한 차별을 금할 것이다. 이들은 자신의 삶에서 신의 의지를 구체화하고, 자신의 처지에서 마주칠 수 있는 고난을 예수 그리스도의 희생과 결합하도록 부름을 받은 자들이다."(2358) 교리서는 다음과 같은 결론을 내린다. "동성애자는 금욕을 실천해야 한다. 절제의 미덕으로 내면의 자유를 다스리고, 때로 순수한 우정에서 우러나오는 격려와 기도, 그리고 성령의 은총으로 점진적이고 단호하게 완전한 기독교인에 다가가야 하고 다가갈 수 있다." (2359)

비록 말투가 바뀌었지만, 가톨릭의 동성애 공포증은 여전히 남아 있다. 남성 동성애자를 화형대로 보내는 것이 아니라, 그들이 '치료'될 수 있도록 혹은 최악의 경우 절제하는 삶을 살 수 있도록 동정심을 가지고 그들을 맞이하자는 것이다. 도덕적 적대감은 오늘날 훨씬 더 정교하다. 교회의 비난 대상은 개인적 현상으로서의 동성애가 아니라 '동성애의 차이'를 문제 삼지 않고, 오히려 그것을 이성애와 같은 수준에 배치하는 현대 자유주의에 잠재된 무관심주의indifférentisme에 있다. 신학 당국이 견딜 수 없게 되는 것은 바로 이 등가성이다. 성적 지향(이성/동성) 사이의 차이는 성의 차이(남성/여성) 그 자체가 핵심을 이룬다. 그런 의미에서 교회는 동성애자가 개별적으로 겪는 차별에 민감하면서도 정치적 요구로써 '동성애 주장'에 대해선 경계를 늦추지 않는다. 가톨릭 신학자들은 정신분석과 인류학적 용어를 써가면서 동성애를 이중 장애가 누적된 문제적 상황으로 바라본다. 그 하나는 타자성의 인식 불능이다. 철저하게 성적인 차원으로만 축소된 이 관점은 필연적으로 이성애의 타자성이다. 또 다른 하나는 인간 존재의 유한성을 받아들이지 못하는 것이다(동성 커플의 '현상적 불임'은 우리가 소멸하는 존재라는 것을 부정하는 것으로 해석된다). 오직 이성애만이 정연한 성적 행동으로서 개인이 근원적 자기도취(원죄)를 초월하고 타인을 향해 나갈 수 있도록 만든다. 이 교리에 따르면 성적 차이란 오직 이성애 안에서만 실현되는 것이다. 신학자 P. 테베노P.Thévenot는 "성차에 대한 인식은 창조적 질서의 정점인 성서에 잘 표현되어있다"고 지적하며 다음과 같이 추론한다. "성차의 실제적인 인식은 인간 주체의 출현에도 영향을 미치기 때문에 다름을 부인하는 모든 행위나 성행위는 비정상이다." 그렇기에 교회는 인간화 과정 그 자체를 위험에 빠뜨릴 수 있는 동성애자의 평등주의적 주장에 저항할 필요가 있다. 그는 "도덕은 신학에서 분리되지 않는다"고 강조하며, "성적 차이를 무시하는 잘못된 관습을 심각하게 여기는 것은 그것이 무엇보다 신-인류학적 타락의 증상이기 때문"이라고 덧붙였다. 따라서 평등주의적 주장은 "인간관계와 사회조직을 파괴하는 폭력"을 불러오고 창조적 질서를 위협하는 것으로 드러난다.

형식적으로 새롭게 갱신되었으나 여전히 본질주의이데올

로기를 전파하는 담론과 함께 기독교 교리는 권위적 원칙에 충실하게 따르며 전통적 소명을 다시 확인했다. 동성애에 대한 현대 신학의 대처는 토마스 학파의 논리에 무리 없이 포함되는 범위 내에서 스콜라 학파의 사유에서 벗어나는 일이 없다. 다시 말해, 교회에 따르면, 동성애 행위가 그 누구에게도 피해를 주지 않는다고 생각하는 것은 큰 오산이다. 그런 생각을 지닌 사람들은 타인의 자유보다 더욱 소중한 것을 반대하고 있기 때문이다. 즉, 이 행위는 성과 섹슈얼리티의 자연 질서, 그리고 우리를 남자와 여자로 창조하고 이 질서의 중심에 이성애에 우월적 지위를 부여한 신의 의지에 반하는 것이다.

4. 동성애 혐오와 이슬람

유대·기독교 전통이 서구 동성애 혐오의 기원이라면, 이슬람교는 성소수자LGBT에 대한 폭력 처방을 주저하지 않았다. 확실히 코란은 롯의 백성들 이야기를 다시 취한다. "너희는 세상 가운데 너희 이전에 그 누구도 행한 사람이 없는 이 파렴치한 행위를 저질렀느냐? 실로 여인을 마다하고 남성에게 성욕을 채우는가! 너희는 죄지은 백성이로다."(수라 7/80-81)

샤리아를 적용하는 국가들에서 남색은 돌팔매질이나 더 가혹한 경우 사형에 처할 수 있는 범죄다. 이슬람 협력기구 회원국들은 유엔의 동성애자 권리 인정이나 동성애의 비형벌화에 바티칸과 함께 조직적으로 반대표를 던진다. 프랑스 무슬림 협회는 프랑스의 가톨릭 주교회의, 프랑스 수석 랍비와 함께 동성 결혼에 반대하기로 합의했다. 세 개의 일신교 중에서 이슬람 근본주의는 프랑스의 주요 도시 근교에서 일부 이맘들의 동성애 혐오적 설교에 따라 가장 큰 피해를 양산했다. 이러한 현실은 국제적 상황에도 영향을 미친다. 대부분의 망명 신청자들은 이슬람 국가에서 유입된다.[40] 그리고 그들은 국가의 박해뿐 아니라 자신들의 가족이나 주변 사회의 박해에 노출되어 있다.[41]

제3장

이성애 주의적 독단과
동성애 혐오 이데올로기

이성애 주의적 독단과
동성애 혐오 이데올로기

이번 장에서 우리는 동성애를 성 본능의 특이한 발현으로 정의하는 주요 이론들을 살펴볼 것이다. 차이를 구축하는 것은 섹슈얼리티의 폭넓은 이해와 수용 대신 처음엔 자연에 반하는 악덕으로 규정하고 이어서 규범적 성 충동의 일탈이라는 강력한 억압 기제를 구축했다.

동성애 혐오의 개념화와 전개는 분리해서 검토할 필요가 있다. 앞 장에서는 반동성애 태도의 신학적 기원을 이해하는 데 집중했다. 동성애 욕망에 대해 후세에 정립될 이론의 배아적 형태를 지닌 전통 교리는 무엇이 비도덕적 행위인지 그 구체적 의미를 부여하지 않고 단지 신성한 질서에 반하는 행위라는 비난으로 국한되었다. 성전(교리 전통)은 간통, 절도,

우상숭배, 사이비 신앙 또는 남색을 비난하면서도 신의 율법에 반하는 행위들에서 간통, 범죄, 우상숭배, 사이비 신앙 혹은 남색의 개별적 성격을 구축하려 하지 않았다. 그것은 다양한 형태를 지닌 육체적 죄의 전면적 금지가 관건이었기 때문이다(푸코, 1976). 동성애를 언급하면서 자연에 반하는 악덕이라 말할 수 있었다면 그 자연은 중립적, 과학적 여건이 아닌 도덕적 질서로 해석되었다. 반면, 남색 악습의 비난에서 동성의 개인에 대한 감정적, 성적 끌림의 <자연과학적> 해석으로의 전환은 우리에게 매우 중요해 보인다. 사실 그 순간부터 이성애의 주변부에 있는 아동성애, 자위, 페티시즘과 남색이 완전한 자율성을 확보하게 되었다. 먼저 의학, 이어서 사회과학은 필요에 의해서 (법과 도덕을 감안하지 않고)동성애 쾌락을, 개인의 규격화와 의식의 규제라는 새로운 기획의 특화된 대상으로 삼는다. 남색에 대한 오랜 적대감은 과학적 언어로 옷을 갈아입은 담론에서 새로운 활력을 발견하는데 그때부터 이 담론은 신의 질서에 반하는 죄인으로서가 아니라 공중위생 차원에서 그들을 위험한 성도착자로 비하하고 심지어 제거하는 것마저 정당화한다.

동성애 혐오 이데올로기는 상당히 체계적인 통일성(교리)과 규범적 목적성(이상적인 이성애를 촉진하려는)이 유기적으로 연결된 일체의 관념 속에 포함되어있다. 동성애 혐오 이론은 동성애에 대한 일상적이고 대중적인 개념의 정교한 형태로서 다양한 측면에서 가치체계(일부일처제의 이성애)를 구축하고 정치 강령(동성애자의 구별 짓기, 치유, 분리 혹은 제거)을 제안하면서 젠더와 섹슈얼리티의 이해 방식을 제시한다. 이성애 교리는 '비정상'에 대한 '정상'의 지배를 강화했다 그리고 의학에서 정신분석학, 인류학을 거쳐 성의학까지, 이들은 공동으로 동성애에 대한 담론, 즉 차별 정책의 정당화를 뒷받침하는 담론을 만들어내는 놀라운 능력을 보여주었다. 우리는 여기서 동성애 욕망을 문제적으로 분석하는 주요 담론(과학적 언어로 표현된)을 그 핵심 개념에 따라 재분류하면서 다루게 될 것이다.

1. 임상의학적 동성애 혐오

19세기 내내 이성애 커플의 규범성은 동성애자나 독신자를 배제하는 결과를 낳았다. 이 규범화는 지난 세기처럼 신의 율법 혹은 법에서 기인하는 것이 아니라 주로 의학적 담론에서 비롯된다. 동성애라는 개념 그 자체도 남색이라는 오래된 관념을 의학의 영역으로 흡수하는 과정의 산물이다. 칼 하인리히 울리치Karl Heinrich Ulrichs[42]는 칼 마리아 케르트베니 Karoly Maria Kertbeny[43]와 마찬가지로 이 분야의 선구자들이다. 실제로 이들은 과학계에 널리 퍼진 다윈의 진화이론이 생식 차원의 성을 중요시하고 있던 당시에 이성에 대한 욕망의 부재가 필연적으로 불임 관계로, 확실히 병적인 상황으로 이어진다고 생각했다. 당시의 또 다른 의사들이나 정신의학자들은 좀 더 정교한 해석을 제안하고 있다. 특히 칼 프리드리히 오토 웹스달Carl Friedrich Otto Westphal, 리차드 프레이어 폰 크라프트 에빙Richard Freiherr von Krafft-Ebing 그리고 아리고 타마시아Arrigo Tamassia의 글에서 동성에 대한 끌림은 "감정적 망상 장애"의 형식을 취하지만 그 어느 경우에도 동성애자 인격의 나머지 부분에는 영향을 미치지 않는 것으로 나타난다. 비록 이들은 의학이라는 수단을 통해 동성애 행위의 비범죄화를 주장했지만, 19세기 말, 동성애를 이처럼 병적인 것으로 만드는 그 순간부터 현대적 형태의 적대감이 드러나기 시작한다. G.천시가 지적한 바와 같이 사회적 다윈주의라는 현대적 이론이 생물학에 기반해 사회 진화에서의 인종적 위계질서라는 관념을 고수함으로써 인종주의와 식민주의를 정당화하는 데 사용된 것과 마찬가지로 초기의 성의학 이론가들은 생물학적으로 결정된 특성을 인정하며 여성의 종속성을 정당화했다. 마찬가지로 동성애자들은 그들의 해부학적 운명(괄약근) 때문에 성별과 섹슈얼리티의 위생서열에서 소외된 자리에 놓였다. 육체와 정신이 밀접하게 연결되어있다는 믿음이 새로운 종류의 여성 이미지를 만들도록 부추긴다. 보석에 대한 사랑, 엉덩이 흔들기, 화장품과 향수는 <호모pédéraste>를 여성에 근접시킨다. 그와 함께 단점들도 공유한다. 수다, 가벼운 입, 허영심, 변덕, 이중성 등. 동성애자의 성격을 밝히려는 법의학은 그들을 기괴하게 묘사하며 19세기의 모든 오명을 동성애자에게 붙인다. A.타르디외는 1857년 "호모는 위생, 청결을 무시한다. 겉모습만으로도 그 사람을 알아볼 수 있다. 엉덩이의 상태, 느슨한 괄약근, 말때기 모양의 항문 혹은 성기의 형태와 크기는 새로운 종의 출현을 의미한다. 괴물 중의 괴물인 호모는 동물과 한통속이다. 그들의 교미는 개를 연상시킨다. 본성적으로 배설물에 이끌려 공중화장실의 악취를 찾아다닌다"고 썼다.

차후에 차별의 정당성은 체질적 원인이 아닌 '정신적 이상'을 중심으로 이루어지겠지만, 동성애를 설명하는 데 있어 위와 같은 것들은 결코 완전히 배제되지 않았다.[44] 의학에 이어서 정신분석학이 내놓는 동성애에 대한 해석은 그 자체로 동성애 혐오의 한 형태가 된다. 왜냐하면 정신분석은 그 차이를 정상적 섹슈얼리티의 다원론적 이론으로 통합하는 것이 아니라 반대로 그것을 질병, 신경증, 변태성욕, 엽기와 같은 대열에 놓았기 때문이다.

남성 동성애가 분명히 의학적인 관심사였던 반면, 레즈비언은 Q.코르빈Q.Corbin이 지적하는 것처럼 더 애매한 모습을 띤다. "이 시대의 남성들에 의해 만들어진 사포의 상상력은 모호하다. 이 상상력은 남자 없이도 여성이 쾌락을 느낄지도 모른다는 불안과 여성들만의 난교에 대한 매혹 사이를 오간다." 남성 매개의 부재가 여성 동성애자를 전복적인 인물로 만든다. 마찬가지로 레즈비언에 대한 최초의 정신분석학적 해설은 남자 거부와 여성성의 거부를 논하고 있다.

과거에는 마녀와 샤먼이 성역할 전도의 대중적 상상력을 사로잡고 있었다. 그러나 구체제에서 통용되었던 이런 이미지는 부르주아 계급의 승리와 더불어 사라지고 보다 <과학적>이고 보다 합리적으로 동성애자에 대한 규정이 이루어진다. 이제 그들을 배제하기보다는 오히려 합법적 섹슈얼리티의 유일한 소유자이자 부상하는 계급의 자랑스러운 인증인 일부일처제의 규범적 이성애 모델에 적응시키기 위해 그들을 바로잡고, 교정하고, 치유하는 것이 관건이다.

'어떻게 동성애자가 되는가?'에 대해 설명하는 모든 의학적 이론들은 사전에 동성애자가 되지 말아야 한다는 전제를 둔다. 그렇기에 의학적 이론들은 순수한 연구에 국한하지 않고 규범적 형태로 본격적인 치료를 목표로 한다. 따라서 도덕주의자들, 특히 교회가 위와 같은 질문을 포기하도록 동성애는 무엇보다 의학으로 진단되고 치료될 수 있는 병리적 현상이라는 것을 입증해야만 했다. 그러나 의학은 도덕적 질서이자 법질서로 이해되는 자연 질서에서 결코 벗어날 수는 없었다. 19세기 후반 의학이 동성애 행위를 '자연에 반하는'행위로 규정하고 있고 무엇보다 법의학이 이 문제를 다루고 있다는 것은 놀라운 일이 아니다. 그러나 신학자들에게 악이 영혼에 있는 것이라면, 의학자들은 그것을 신체에서 찾는다. 생식기관, 음경, 음낭, 귀두, 엉덩이, 항문, 입, 치아 등, 남성 동성애자의 신체 어디서나 이상 성욕의 흔적을 찾아낸다. "곱슬머리, 분칠한 얼굴, 노출된 목덜미, 몸매가 드러나도록 조여 맨 허리, 손가락, 귀, 보석을 걸친 가슴, 강렬한 향수 냄새를 풍기고 손에는 손수건, 꽃, 때로는 약간의 바느질거리를 쥐는 성격은 기이하고 역겨우며 당연히 남색을 드러내는 수상한 징표다. 내가 백번이나 관찰한 전형적인 특징 중의 하나는 불결한 용모에서 벗어나는 것만으로도 족할 인물이 보여주는 외모에 대한 집착과 위와 같은 거짓 우아함의 대비이다." 타르디외는 수동적인 호모를 이처럼 묘사했다. 그리고 구강성교를 다음과 같이 적고 있다. "길게 찢어진 입, 아주 짧은 이빨, 두텁고, 말아 올려져 불결한 용도로 사용되어온 완전히 일그러진 입술"또 "엉덩이의 과도한 발달, 깔때기 모양으로 변한 항문, 느슨해진 괄약근, 항문의 주름이나 돌기, 삐져나온 살의 제거, 항문 구멍의 과도한 팽창, 변실금, 궤양, 항문 균열, 치질, 치루, 직장 임질, 매독, 항문으로 유입된 이물질","지나치게 큰 음경" 혹은 "휘어진 성기". 이러한 것들이 동성애자의 특징적인 몇몇 증상이다.

그러나 이러한 신체적 낙인은 동성애자의 정신적 타락의 물질적 증거에 지나지 않는다. 20세기 내내 동성애의 심리적 기원에 관한 연구 작업이 본격적으로 진행되었다. 섹슈얼리티를 인간 행동의 해석적 열쇠로 이해하는 정신분석 이론은 동성애에 특별한 관심을 보였다. 프로이트는 그의 유명한 저작 《성욕에 관한 세 편의 에세이》(1905)에서 태생적 양성애에 관한 가설을 전개한다. 정죄라는 용어와는 다른 용어로 동성애 문제에 접근할 수 있게 해주는 대담한 생각이었다. 그러나 프로이트 또한 시대를 벗어날 수는 없었다. 그에 따르면, 만약 양성애가 인간의 심리 조직에 고유한 것이라면 이성애를 기준으로 동성애를 분석해야 한다. 첫 페이지부터 오스트리아 의사는 자신이 도착(inversion/성 대상 도착)이라 명명한 것의 심층적 분석에 몰두한다. 도착은 선천적이거나 후천적이며, 혹은 우연적이거나 절대적일 수 있다. "도착은 정상적인 진화를 향한 하나의 삽화에 지나지 않는다. 그것은 오랜 기간 정상적인 성생활을 유지한 후에도 뒤늦게 나타날 수 있다." 따라서 도착으로 정상성을 정의할 수 있다. 모든 개인에게 양성애가 잠재되었다는 것을 인정한다면 건강하게 구축된 정신이 지향해야 하는 것은 배타적인 이성애이기 때문이다. 프로이트와 그의 제자들은 동성애를 성적 진화의 '우발적 사건'으로 간주했다. 범죄도, 원죄도 그렇다고 질병도 아닌 동성애는 어린아이와 부모의 관계에서 파생되는 하나의 우발적 사건이 된다. 자기 발정(나르시시즘)단계에 갇혀 페니스를 잃을지도 모른다는 공포(거세 이론)를 느끼며, 어머니와의 관계를 제대로 풀어내는 것이 불가능한 나머지 어머니와 자신을 동일시하며 아버지를 향한 질투에 사로잡힌 동성애자는 어린 시절의 주요한 갈등들을 극복할 줄 몰랐거나 극복할 수 없었던 정서적 장애인으로 그려진다. 갈등의 '올바른' 해결이 필연적으로 배타적 이성애로 이어진다는 생각이 정신분석 이론의 중심에 자리 잡고 있다. 하나의 성 양식이 다른 양식에 비해 우월하다는 것은 세기 초의 보수적 사회에서의 지능적 양보처럼 보인다. 동성애자가 정신분석가가 될 수 있는지에 대한 의문이 제기되었을 때 프로이트와 샨도르 페렌치S. Ferenczi는 당대[45]에 꽤 진보적이었음에도 어니스트 존스E. Jones의 주장을 받아들였다. 국제 정신분석 협회에서 어니스트 존스는 대중의 눈에 동성애는 "혐오스러운 범죄다. 만약 우리 중 누군가 동성애를 범한다면 그는 우리의 신뢰를 심각하게 실추시킬 것"이란 점을 언급하며 그런 의문을 제기하는 것 자체를 단호하게 거부했다. 나중에 안나 프로이트Anna Freud 또한 동성애자가 정신분석과 관련된 직업에 접근하는 것을 강력하게 반대했다. 정신분석학 창시자의 딸이자 레즈비언이었던 그녀는 임상 실습 내내 동성애 환자들을 모범적인 이성애 가장으로 변화시키는 것을 목표로 삼았다.

마찬가지로 새로운 정신분석의 진보적인 인물인 자크 라캉도 동성애 혐오 편견에서 벗어날 수 없었다. 그는 현대와 마찬가지로 고대에도 동성애는 근본적으로 도착적이었음을 분명히 상기시키며 프로이트보다 더 멀리 나간다. "그것이 공공연히 인정받고 승인되고 게다가 열렬한 환대를 받았다는 핑계로 그것이 도착이 아니라 말하지 말라. 동성애는 도착 이외에 그 어떤 것도 아니라고 라캉은 강조한다."[46]

정신분석이 제시하는 설명은 하나의 이데올로기에 속한다. 게이와 레즈비언은 이성애자나 양성애자의 가족에서 태어난다. 동성을 향한, 그리고 나이 많은 혹은 어린 사람에 대한 욕망, 금발이나 갈색 머리, 지식인이나 예술가에 대한 끌림, 아시아나 지중해 타입에 대한 선호 등은 각각의 개인사적 맥락에서 다양한 방식으로 설명될 수 있다. 실제로, "이성애가 동성애보다 덜 복잡하다는 어떤 증거가 있는가? 정신적 외상, 갈등, 욕구불만 등등을 통제하려는 유년기나 유아기 투쟁이 동성애자보다 이성애자에게 더 적게 나타난다는 증거가 있는가?"[47]

자신의 욕망에 의문을 품거나 우리의 성적 선호를 조건 짓는 이유를 알고자 하는 것이 정당함에도 불구하고 여타의 모든 가정을 생략하고 단 한 가지 유형의 욕망을 원칙으로 삼아 오직 이성, 게다가 같은 피부색, 같은 나이, 같은 사회적 환경에서 같은 종교를 믿고 공통의 문화에 속하는 사람만을 사랑하는 것을 '정상'으로 간주한다. 현실적으로 이런 전제는 합리적 근거를 전혀 갖지 못한다. 그것은 이성애 우월성의 맹신, 성별, 문화, 사회, 세대 또는 정치적 차이에 노출되기보다는 자신만의 세계에 머무는 것이 더 낫다는 자민족중심주의의 맹신에 따른 자의적 전제에 바탕을 두고 있다.

동성애의 원인을 찾는 것은 그 자체로 동성애 공포증의 한 형태이다. 왜냐하면 동성애 공포증은 정상적인, 완전하고 완벽한 섹슈얼리티의 존재, 즉 일부일처제의 이성애를 기준으로 다른 모든 섹슈얼리티를 해석하고 판단해야 한다는 편견에 근거를 두고 있기 때문이다. 상호 동의한 성인 사이의 다양한 형태의 성관계는 그 자체로 존중받을 자격이 있다는 생각에서 출발하여, 다원성이 현대 민주주의의 가치라는 점을 고려할 때, 문제는 동성애의 기원이 아니라 동성애 혐오의 기원이 무엇인가 하는 것이다. 그러나 정신분석학이 동성애 혐오 폭력을 조심스럽게나마 문제 삼기 시작한 것은 아주 최근의 일이다. 반면, 동성애에 관한 질문은 전혀 포기되지 않았다. 성적 성향에 대한 그 어떤 분류나 위계화는 정당한 근거가 없으므로 자의적인 것으로 간주 되어야 한다. 그 것은 단순한 심리적(도덕적) 판단이자 편견 그리고 섹슈얼리티(들)의 다원론을 거부하는 것이다. 하지만 D. 에리본이 주장하는 것처럼 "무의식적 동성애 혐오는 아마도 정신분석학자들 사이에서 가장 폭넓게 공유되고 있다. 심지어 가장 개방적인 사람들조차도 성적 성향, 성 본능들 사이의 차이뿐만 아니라 동성애가 항상 열등하고 종속적인 지위를 갖는 위계 질서를 유지하려 한다."

최근, 여성 커플이나 독신 여성에게 인공수정을 허용하는 것에 관한 논쟁이 일 때 프랑스에서는 많은 이들이 정신분석학을 근거로 평등한 권리 부여에 반대했다. '동성애 혐오의 오랜 상식'이 정신분석의 수사학을 입고 다시 나타났다. '타자의 부정', '이타성의 거부', '자아도취적 정체' 혹은 '해결되지 못한 거세불안'은 동성애 욕망을 발생시키는 이유로 언급되었다. 그러나 이 이론들은 오래전부터 정신의학 분야 내에서도 단호하게 부정되었다. 1974년 미국 정신의학 협회는 동성애를 정신 질환[48] 목록에서 제외했으며 1992년에 세계보건기구의 승인을 받았다.

전환 치료요법은 성 소수자(LGBTQI+)를 '치료할 수 있다'고 여기는 복음주의 종파들에 의해 권장되었는데 이것은 임상적 동성애 공포증의 새로운 형식이자 특수한 폭력이다. 실제로 전환 치료요법은 희생자들에게 자살까지 유발하는 심리적 타격 때문에 미국심리학회(APA)나 영국 왕립정신의학전문대학(Royal College of Psychologicals)과 같은 가장 보수적 전문가 집단에 의해서도 비난받는 유사과학이다.

2. 인류학적 동성애 혐오

사회적 다원이즘의 특정 측면에 기댄 인류학적 동성애 혐오는 동성애를 설명하기 위해 문화의 퇴화 이론을 동원하면서 등장한다. 따라서 개인의 성 심리 발달 과정과 문명의 발달 과정은 밀접한 관련이 있다. 실제로 크라프트 에빙은 원시사회는 문명사회가 도덕과 법질서에 반하는 것으로 간주하는 성적 관행을 수용했다고 주장한다. 그는 일부일처제의 이성애적 사랑에 토대를 둔 빅토리아 사회(저자가 가장 문명화된 사회라 여기는)의 성적 체계를 야만인의 무절제한 쾌락의 대척점에 놓는다. 따라서 다른 방식의 성관계, 특히 동성애는 진화의 낮은 단계로의 퇴행이란 의미에서 문명에 위험으로 간주 된다.

현대 인류학은 섹슈얼리티들의 위계를 기초로 삼지 않으며 심지어 특정 성 관행들을 문명의 여백으로 남기는 담론까지 비난한다. 동성애는 개인, 부부, 그리고 사회의 구조를 결정하는 남성과 여성의 구분을 제거하지 않는다는 조건으로 허용되고 인정받아야 한다. 현대 인류학은 이러한 성별 차이가 보편적으로 주어진 것임을 전제로 하고 이를 성 규범의 핵심으로 삼는다. 개인적 요구(사생활 혹은 제한적 승인의 범위 내에서)로서 동성애는 성별 차이의 질서 안으로 아무 문제 없이 통합될 수 있다. 반면에, 동성애가 이성애와 같은 정치적, 법적 지위를 얻기 위해 개인의 자유 또는 제한된 승인을 넘어서는 순간, 동성애는 인류학 이데올로기에 의해 개인의 정신 구조와 문명의 생존에 필수적인 요소인 성별 구분에 위협으로 인식된다. 따라서 동성애 '주장'은 이러한 필수적 구분을 모호하게 하고 이성애적 질서의 생존 자체를 위태롭게 할 수 있다. 게다가, "섹스를 무용담으로 치부하는 파트너의 잦은 교체, 고독한 자위행위, 무분별한 섹스와 같은 성의 통속화는 깊은 환멸의 증거이며 더는 그 특유의 의미를 갖지 않는다. 이 모든 행위를 통해 개인은 고독으로, 그리고 답을 구할 수 없는 존재에 관한 질문으로 나아간다."[49] 이 탈 상징화의 열망은 사회적 광기 혹은, 개인적으로는 정신착란으로 빠져들게 한다는 비난을 받는다. 인류학적 동성애 공포증은 성의 해부학적 차이를 확인하는 것으로 만족하지 않는다. 이 생물학적 소여를 사회가 따라야 할 근본적인 원칙으로 만들면서-인류의 심각한 재앙을 초래하지 않으려는-이 변종 이성애 주의의 신봉자들은 불변의 보편적인 원리 위에 사회질서를 구축할 것을 주장하면서 자연주의적 사고를 재가동시킨다. 따라서 게이와 레즈비언에게 동등한 권리를 부여하는 것은 성의 본질적인 구분을 위협하는 것이다. 그러므로 동성애자의 결혼은 가족법의 테두리 밖에 남겨져야 한다. 과학으로 표현된 이 교리는 성의 차이가 배제의 정당성이 될 뿐만 아니라 게이와 레즈비언이 문명의 근본 원리를 파괴하는 주범이라고 비난할 기준을 마련하며 반동성애 투쟁의 매우 교활한 형태를 보여준다.

동성애 커플을 동등하게 인정하는 것이 성의 구별을 위태롭게 하리라는 확신은 이성애 주의의 이중적 편견에 의해 조장되고 있다. 동성에 대한 성적 욕망이 필연적으로 이성의 거부를 함축하고 있다는 것과 서로 다른 생물학적 차이가 정치적 원리로 승격될 수 있다는 것이다. 그러나 이성에 대한 성적 끌림의 부재는 이성이 순전히 섹스의 차원으로 축소되지 않는 한 이타성의 그 어떤 부정이나 거부를 전혀 내포하지 않는다. 비록 이 다름이 명백하더라도 이것을 사회적 정치적 편성의 한 기준으로 삼을 수는 없다.

경계해야 할 것은 동성애 혐오이지 동성애가 아니다. 성의 구분을 보전하는 것에 별 관심이 없는, 게이와 레즈비언에게 동등한 권리를 부여한 나라들은 그만큼 여성 평등을 먼저 보장한 나라들이다. 반면, 성적인 차이를 강조하는 담론은 불평등을 정당화하는 근거가 된다. 인종이나 계급의 구분과 마찬가지로 성의 구별 짓기는 사회적 역할의 불공정한 배분을 가능케 했다. 단지 두 성에 따라 사회를 조직화하고 각각의 개인이 남자인지 여자인지를 '자연스럽게' 판단한다는 그 사실은 오직 성적인 기준에 따라 역할과 지위를 부여하는 것이 '비역사적'이고 '명백'하고 '객관적'이라는 인식을 매개로 작동한다. 동성애자들의 주장 범위를 제한하기 위해 그들의 반대편에 놓인 성차의 <인지적 합의>[50]는 사회질서 안에서 여성의 종속을 정상적이고 자연스러운 것으로 만드는 데 사용된 바로 그것이다.

이 '인류학적 주장'과 달리, 성별 차이는 개인의 속성이 아니라 언제나 타인과의 관계에서 쌓이고 구축되는 정보이다. C.웨스트c.West와 S.펜스터마커S.Fenstermaker에서 알 수 있듯이, 남성/여성 이분법은 개인의 역할이나 특성 그 이상이다. 그것은 하나의 메커니즘이며 주어진 사회적 상황이 이 메커니즘을 통해 사회 구조[51]의 재생산에 이바지한다. 따라서 동성애자와 레즈비언의 동등한 권리에 대한 인류학의 대응은 섹슈얼리티의 사회적 체계를 재생산하는 데 이바지할 뿐이며 다시 한번 더 동성애자와 동성 커플의 폄훼를 정당화하고 있다.

3. 자유주의적 동성애 혐오

　사생활은 법의 출처가 될 수 없다. 자유주의는 개인의 자유를 보장하고 실질적인 권리를 부여하는 것으로 구성된다. 사적인 행위로써 남성 동성애는 프랑스에서 대혁명 직후 즉각적으로 처벌 대상에서 제외되었다. 새로운 체제는 사적 영역에 간섭하지 않았기 때문이다. 그러나 남성 동성애가 범죄 목록에서 사라졌다고 해서 실제로 판사들이 동성 간의 성행위를 계속 처벌하는 것을 막지는 못했다.

　동성애자에 대한 이중적 사고가 자유주의적 담론을 조직하고 있다. 동성애를 정치적 의사, 신앙선서 혹은 현실 참여와 같은 하나의 선택으로 간주하는 한편, 그러한 선택은 사생활이라는 배타적 영역에 속한다. 자유주의적 동성애 혐오가 동성애자에 대한 관용을 주장하지만, 오직 이성애만이 사회적으로 인정받을 가치가 있고 따라서 제도화될 수 있는 유일한 성적 행동이라고 보는 것은 이러한 전제에서 비롯된다. 반대로, 게이와 레즈비언에 관한 한, 국가는 단지 엄밀한 의미에서 그들의 사생활에 대한 존중을 보장해야 한다. 즉, 개인의 사적 영역에 대한 존중을 보장하지만 어떤 경우에도 이 영역을 넘어 평등을 주장하는 것은 논외다. 사생활/

공적인 삶이라는 이분법에 근거한 자유주의적 동성애 공포증은 동성애를 사생활의 선택으로 지칭한다. 사적 영역에 대한 외부의 개입을 반대하는 것과 마찬가지로 사생활에 대한 존중을 제외한 다른 모든 요구는 금지되어야 한다고 주장한다(이러한 이유로 자유주의자들은 동성애의 비범죄화에 찬성한 것이다). 관용은 자유주의적 동성애 혐오의 강령이지만 묵인하는 것과 인정하는 것은 별개다. 이 원리에 따라 개인의 성적 지향과 상관없이 사적인 행위에 대한 관용에서 동등한 권리의 인정으로 나아가는 것은 불가능하다. 특정한 형태의 억압인 자유주의적 동성애 혐오는 동성애자들을 하인의 침묵 속에 가둔다. 사적/공적, 안/밖, 내부/외부의 이분법은 섹슈얼리티의 위계질서를 조직하고, 한쪽에는 열린 공간, 다른 한쪽에는 비밀을 남겨 놓는다. 수치심과 조심성이 동성애의 태도가 되어야 하고 동성애자는 늘 침묵해야 하지만 이성애는 거침없이 자유롭게 과시적으로 드러난다. 동성애 관행과 그들의 행위는 사적 영역에 속하고 그 공간에 국한된다는 조건으로 수용된다. 반면, 이러한 행위들이 이성애 형태를 취한다면 그 행위는 사랑이 되고 공개적인 장소에서 자유롭게 펼쳐진다. 이성애자들은 사람들 앞에서 공공연히 키스하고, 공공장소에서 함께 춤을 추며 공개적으로 자기 파트너들의 사진을 내보이고 영원한 사랑을 공개적으로 약속하지만, 공공장소가 그들에게 속한 것이므로 결코 이성애 커밍아웃은 하지 않는다. 그러나 게이나 레즈비언들이 감히 이런 행위 중 하나라도 시도한다면, 그들은 즉시 불온한 선동가가 된다.

이러한 형태의 동성애 혐오는 사회에 대해 그 어떤 채무도 지지 않는, 동성애자의 사적인 행위와 사생활을 보장한다는 면에서는 자유주의적이라고 볼 수 있다. 실제로 자유는 그 대가로 어떠한 의무도 수반하지 않는다는 점에서 권리와 구별된다. 의무가 없는 권리는 없지만, 자유는 단지 그의 실존에 대한 존중 이외에 다른 것을 강제하지 않는다. 그러므로 자유주의 이념에 있어서 국가는 단지 사생활의 한계 안에서만 동성애의 자유를 행사하도록 보장해야 한다. 이와는 대조적으로, 이성애자들 개인의 경우, 그들의 사생활, 특히 그들의 부부 생활과 가정생활은 특정한 보호와 인정을 구하기 위해 그들의 사적 영역을 훨씬 넘어서고 국가는 그에 관해 스스로 가장 먼저 채무자가 된다. 이성애 커플이 부부의 권리, 사회적 권리, 유산, 상속, 비 자산적 권리, 가족 권리의 전적인 채권자가 되는 동안, 동성의 결합은 그들 사생활의 비밀(재량권)속에 남겨진다.

<사생활의 선택>이라는 신화를 만들어냄으로써, 자유주

의 동성애 혐오는 동성애 배제 논리의 정당성을 확보한다. 따라서 동성애자들이 권리를 누리지 못한다면 그것은 분명 자신이 그러한 성적 관행을 선택함으로써 자발적으로 사회 계약의 외부에, 결과적으로 권리의 바깥에 자리를 잡았기 때문이다. 논란의 여지가있는 가설이지만, 동성애자가 자신의 섹슈얼리티를 선택한다고 가정했을 때, 이성애자 역시 자신의 이성애 섹슈얼리티를 선택하는 것이라면 동성애자의 그 어떤 권리도 배제할 수 없다. 그러면 왜 어떤 선택이 누군가에게 부여된 권리 중 어떤 권리를 박탈하는가, 그 누군가가 동성애를 선택했다는 이유 때문인가? 사실상 모두가 섹슈얼리티를 선택하든, 선택하지 않든 국가는 모두에게 같은 권리를 보장해야 하고 그 선택이 권리 행사에 어떠한 영향도 미치지 않아야 한다. 용납할 수 없는 것은 자유주의 동성애 혐오가 적극적으로 지지하고 있는 이중적 관점이다.

　동성 결혼의 인정을 위협하는 사생활의 개념은 시대착오적일 뿐만 아니라 편파적이다. 올리비에 드 셔터O.de Schutter의 지적처럼, 프라이버시는 특정 정보의 기밀성을 보장하거나 개인을 둘러싼 사적 영역을 보존하기 위한 단순한 보증으로서가 아니라, 그 영역을 넘어, "타인과의 관계에서 각자 자신의 완전하고 자유로운 행복의 조건을 추구할 권리〉"[52]를 일

관되게 보장하는 차원으로 보완되어야 한다. 이 사생활 개념이야말로 성적 자유에 관한 대중의 폐쇄적 사유를 막다른 골목에서 벗어날 수 있게 한다. 동성애에는 뭔가 해로운 것이 있고 반드시 숨겨져야 한다고 생각하는 자유주의 이데올로기의 사생활은 파기되어야 한다.

4. 사회관계망에서의 동성애 혐오

동성애 혐오에 대항해 싸우는 단체와 주요 학술연구에 따르면 동성애 혐오자에 의한 언어폭력은 사회관계망에 널리 퍼져있다. 법으로 보장된 표현의 자유를 수호하는 것은 증오의 담론에는 적용되지 않는다. 오늘날 인터넷, 특히 페이스북과 트위터를 통해 동성애 혐오적 표현의 주요 무대가 되었다. 이러한 표현은 다양한 형식을 취한다. 모욕, 비방, 스토킹, 위협적인 발언, 살해 협박 등. 화면 뒤에 익명으로 숨어있는 동성애 혐오자는 여전히 처벌이 어려운 만큼 안전하다고 믿고 있다. 이 증오는 우리 사회 안에서 갑자기 분출된 것이 아니라 소수자(인종적, 성적, 종교적 등등)에 대한 냉혹하고 편협한 담론에 따라 가공되고 양성되었다. 처벌 수단을 넘어서, 인터넷의 책임 있는 사용을 장려하고 사이버 위협에 대항하기 위해 시민사회와 여타 당사자들의 활동을 지원하는 것이 중요한 과제가 되었다. 그러나 또 한편으로는 희생자들이 그에 맞설 수 있도록 증오의 담론에 반론이나 대안적 메시지를 개발할 방법을 개인에게 제공하고, 유럽의회가 제안한 바와 같이 온라인상의 혐오 발언에 대항해 싸우는 당사자들 사이의 연대와 네트워크를 구축하는 일 또한 중요하게 다루어져야 한다.

5. 관료주의적 동성애 혐오 : 스탈린주의

세기 초, 의학계가 퇴행적 성(동성애를 포함)에 대한 설명을 하층계급에서 찾는다면 노동운동의 정치적 대변자들은 부르주아 자본주의 사회의 퇴폐적 성격에서 설명을 구한다. 공산주의 이론가들은 동성애 혐오적 사유에서 벗어나지 못했다.[53] 엥겔스는 1869년 6월 22일 카를 마르크스에게 보낸 편지에서 다음과 같이 썼다. "동성애 남성들이 자신들의 힘을 자각하면서 자신들이 국가권력을 쥐고 있다는 것을 발견했다네. 단지 조직만 없을 뿐이지. 하지만 이런 상황으로 보아 이미 비밀리에 조직이 존재할지도 모르겠네. 그들은 뢰싱Rosing이나 슈바이처Johann Schweitzer처럼 여러 정당의 중요한 인물들을 거느리고 있다네. '보지에 전쟁을, 항문에 평화를' 이것이 장차 강령이 될 거야. 운 좋게도 우리는 이미 너무 늙어서 그들이 승리하면 그들에게 육체적인 경의를 표해야 할 걱정은 없겠지만 젊은 세대는! 덧붙여 말하자면, 그런 인물(Karl Heinrich Ulrichs, 1825-1895, 역사상 최초의 커밍아웃 남성 동성애자로 묘사되는 성 과학 및 게이 인권운동의 선구자-옮긴이)이 나타나서 외설물을 이론으로 전활 할 수 있는 것은 오직 독일에서나 가능한 일이야… 불행하게도 그는 아직 자신이 누구인지 공개적으로 고백할 용기는 없다네[…] 그러나 북독일의 새로운 형법이 '항문의 권리'를 승인하기만 기다리고 있고 그렇게 되면 그는 상당히 다르게 행동할 거라네."

엥겔스는 고대 그리스에서 동성애의 출현은 남성들의 도덕적 해이의 결과라고 생각한다. 《가족, 사유재산, 국가의 기원》에서 이 독일 철학자는 "여성의 가치하락은 반대로 남성 자신들의 가치하락이라는 결과를 초래하여 혐오스러운 동성애 관행에 빠져서 가니메데 신화로 자신의 신들에게 오명을 씌우고 자신을 스스로 능욕할 정도로 추락했다"고 주장한다. 독일 민족은 그러한 동성애 관행을 오랫동안 유지 보존한 것으로 그려진다. 엥겔스에 따르면, 그들의 이동, 특히 남동쪽의 흑해에 면해있는 초원의 유목민들에 의해서 게르만 민족은 심각하게 타락했다. 그들은 이민족에게서 기마술에 더해 자연에 반하는 악덕을 취했다.

당시의 공산주의 이데올로기에서 동성애는 자본주의 체제 특유의 도덕적 붕괴에서 비롯된 정치적 현상으로 취급되었다. 가장 완전한 사회를 표현하는 '건강한' 사회, 스탈린 버전의 공산주의에서 그러한 행동들은 자연스럽게 사라질 것이다. 사회 체계와 도덕 체계가 융합되는 공산주의의 토대 위에서 이 최초의 회복이 이루어지면 동성애에 사로잡히지 않는 개인 도덕이 탄생할 것이다. 반면, 1930년의 《소비에트 백과사전》 초판은 동성애는 도덕성에 반하는 범죄나 자연에 반하는 행위가 아니라고 간주했지만, 스탈린주의의 영향을 받은 1953년 판은 다음과 같이 기술하고 있다. "동성애는 자연에 반하여 동성을 좋아한다. 남자와 여자들에게서 발견되며 정상적인 성생활과 공존할 수 있지만, 대부분은 정상적 성향이 제거되어있다. 부르주아 학자들은 동성애를 순수한 정신병리학적 발현으로 보고, 주로 정신과 의사들과 법의학자들이 동성애를 다룬다. 그들은 이것이 선천적 결함, 생물학적 변종이라고 생각한다. 사회 환경의 중요성과 역할을 부정하고 생물학적 요인으로 문제를 되돌리는 이 개념은 소련 학자들의 무자비한 비판에 직면했다. 자본주의 사회에서 동성애는 흔한 현상이다. 직업적인 동성애 매춘이 있다는 것을 말해두는 것으로도 충분하다. 알코올 중독과 어린 시절에 체득한 성에 대한 인상은 동성애로 나아가는 데 커다란 영향을 미친다. 그것의 기원은 사회적 존재 조건과 관련이 있다. 압도적 다수의 동성애자에게서 그러한 변형은 환자가 적절한 사회적 환경에 놓이는 즉시 중단된다. 예외는 반사회적 장애를 지닌 인물들이나 정신이상자들이다 [···] 건강한 도덕성을 유지한 소련 사회는 동성애를 성적 타락으로 간주해서 단속하고 정신이상자를 제외하고는 법으로 처벌한다. [···] 부르주아 국가에서는 지배계급의 도덕적 해이의 징후인 동성애를 사실상 처벌할 수 없다."

동성애 억압과 동성애 혐오 운동은 볼셰비키 혁명의 결과가 아니라 스탈린 권력 장악의 결과였다. 사실 1922년 최초의 혁명 형법은 1926년 개정 이후에도 16세 이상의 동성애 관계에 대해 그 어떤 범죄 규정도 포함하지 않았다. 1920년대 소련의 정책은 전통적인 마르크스주의의 도덕적 비난에서 벗어나 동성애를 하나의 애정으로 간주했다. 1923년 공중보건국이 발간한 《현대 청소년의 성생활》이라는 보급판 간행물에서 동성애는 정상적인 성적 매력에서 소외된 형태로 언급된다. 그 영향으로 동성애를 범죄로 취급하는 것을 멈추고 이제부터 하나의 고통으로 이해했다. 같은 해,《러시아의 성 혁명》을 발간한 모스크바 사회 보건 연구소의 G.바트키G.Batkis 박사는 자신의 저작에서 다음과 같이 강조한다. "유럽 법률에서 공중도덕에 대한 침해로 간주 되는 남색 또는 여타의 성행위 등, 동성애에 관하여 소비에트 법률은 정확하게 이들을 자연스러운 성적 관계와 같은 방식으로 대한다…."

이러한 상대적 관용은 스탈린 체제의 강화와 더불어 사라진다. 동의에 의한 동성애 관계를 5년의 강제노역형에 처할 수 있는 법이 1934년 3월 7일 공포되면서 수많은 동성애자가 체포되었다. 이때 고리끼는 동성애에 대한 유죄선고는 프롤레타리아의 인간승리라는 글을 소련 언론에 실었다. 왜냐하면, 동성애에서 파시즘이 출현한다고 보았기 때문이다. 역사의 슬픈 아이러니일까, 나치 독일은 같은 시기 동성애자를 공산주의자에 비유하면서 박해와 절멸의 계획을 세웠다.[54]

6. 동성애 혐오의 절정 : 게이 홀로코스트

"인종의 최고 요소들을 보존하기 위해 헌신하는 국가는 언젠가 지상의 주인이 되어야 한다."[55] 히틀러의 이 문장은 나치독일이 수립한 정책을 완벽하게 요약한 것이다. 성 보건 전문가 막스 폰 그루버Max von Gruber는 "인간은 종의 개선을 추구한다..."고 설파했다. 게다가 이 나치 전문가는 "만약 우리가 인간을 엄격하게 선택적으로 양육한다면 어느 순간엔 우리가 지금까지 존재해왔던 것 이상으로 인간종의 아름다움과 힘과 자질을 얻을 수 있다"고 강조했다. 제국 당국은 1차 세계 대전의 패배 이후 출산율 저하가 나치 정책을 실현하는 데 가장 큰 걸림돌이라고 판단했다. 결혼 관계에서든 그 밖에서든 아리안 종의 구성원들은 독일 패권을 확보하기 위해 재생산되어야 한다. 그래서, 히틀러는 자신의 아이가 태어날 때마다 자신이 얼마나 행복한지 그 기쁨을 감추지 못했다. 아이가 어떤 관계에서 수태되는지는 별로 중요하지 않다. '우수 인종'의 번식이 국가의 강박으로 작용했고 '예방법'에 따라 결함이 있는 것으로 판단된 사람들은 또 다른 결함을 재생산하지 못하도록 불임수술을 명했다.

아리안 민족증가 정책과 독일 국가의 인구 확장은 동성애 문제에 대한 나치의 대응으로 이어진다. 그 맥락에서 동성애는 나치의 핵심 목표와 전적으로 양립할 수 없다는 것이 명백해진다. 실제로, 이 종족 번식은 결코 개인의 사적인 영역에 속하지 않고 전적으로 국가의 일이 된다. 따라서 민족의 생물학적 기초는 제국 당국에 의해 신중하게 보호되어야 한다. 모든 성적 일탈은 이제부터 국가의 기본적 가치, 다시 말해 종족에 대한 공격으로 인식된다. 따라서 혼혈[56]과 동성애는 곧바로 생물학적 퇴화의 기본적인 요인으로, 전자는 순수혈통을, 후자는 순수혈통의 증가를 위협하는 것으로 간주 된다.

한스 프랑크Hans Frank 장관은 동성애를 "종의 영속적인 계승에 반하는 것"이라고 규정했다. 1930년부터 동성애를 '치료'하기 위한 의학 실험이 계속 이어진다. 만약 동성애자가 아리안 인이라면 생식 임무에 참여하도록 그를 회복시켜야만 했다. 이러한 목적 아래 베어넷Vaernet 박사는 180명에게 호르몬 처치를 강제했고, 강제수용소에서 실험 대상자들을 공급받는 대가로 '비정상적 욕망'을 바로잡는다고 알려진 '치료'의 발명 특허를 나치에 양도했다. '아동 생산자'를 되찾기 위해, 아리안 게이와 레즈비언 레즈비언 은 모두 <명예 회복 과정>에 참여해야 한다. 강제수용소의 생존자인 하인츠 헤거Heinz Heger는 어느 칼럼[57]에서 자신과 다른 동성애 수용자들이 SS친위대에 의해 강제로 창녀들과 성행위를 강요당했던 일화를 전하고 있다. 그러나 이러한 치료 대책들은 원하는 결과를 얻지 못했으며, 이 실패에 따라 이제부터는 동성애자의 쾌락을 완벽히 제거하기 위해 그들을 거세해야만

했다. 동성애자 거세 법안은 후에 제국의 내무장관이 될 빌헬름 피크Wilhelm Fiek 의원에 의해 1930년에 이미 발의된 바 있다.

공포는 상상할 수 없는 것이었다. 특히 국제적 도시이자 게이의 도시였던 과거의 베를린을 알고 있는 사람들에게는 더욱 그러했다.[58] 19세기 말, 이미 두 개의 동성애 잡지, 《자기 자신Der Eigene》과 《사포와소크라테스Sappho und Socrates》가 도시의 가판대에 공공연히 올려져 있었고, 1897년에는 허쉬펠드M. Hirschfeld 와 스포어M. Spohr 박사에 의해 최초의 동성애자 권리 기구인 <인도주의 과학 위원회>가 설립되었다. 몇 년 후, 1919년 허쉬펠드는 단기간에 게이 문제에 관한 최고의 도서관을 구축하기 위해 <성 과학 연구소>를 설립했다. 1933년 5월 6일, 연구소는 불시에 습격을 받아 12,000권의 장서와 35,000여 장의 동성애 관련 자료들이 불태워졌다. 해외여행 중이었던 허쉬펠드는 독일로 다시 돌아가지 않았다. 자신의 국적을 상실한 그는 2년의 망명 생활 끝에 사망했다. 같은 해 히틀러는 룀과 SA의 다른 지도자들을 비밀리에 제거했다.[59] 한 논문은 이 사건 이전엔 관용의 분위기가 지배적이었으나 룀의 살해 이후부터 나치즘의 동성애 박해가 시작되었다고 주장하고 있지만, 이에 관한 주요한 연구들은 국가사회주의당이 이미 1928년 이 문제와 관련해서 일찍이 일반의 이익이 개인의 이익에 우선하며, "남자들 혹은 여자들 간의 사랑을 꿈꾸는 사람들은 우리의 적"[60]이라는 언급을 환기하면서 그러한 주장을 강하게 반박하고 있다.

1935년에 이르자 동성애에 대한 처벌이 강화되었다. 형법 제175조는 최대 10년의 징역형을 규정하고 있으며, 성관계가 없는 감정 표현도 처벌된다. 단순한 동성애 의혹조차 누군가를 단죄하기에 충분했다. 형법 개혁 1년 후, 히믈러는 <낙태와 동성애 퇴치를 위해 제국 사무소>를 설립했고 이 기관의 활동이 매우 효과적인 것으로 드러났다. 1934년 766건의 유죄판결이 내려졌다면 그 사무소가 설립된 후에는 4,000건에 달했고, 1938년에 감옥에 투옥된 동성애자의 수는 8,000명에 달했다. 1937년 2월 18일 히믈러는 그의 유명한 연설에서 다음과 같이 주장한다. "동성애는 모든 성과를 실패로 돌린다…", 왜냐하면, "많은 아이를 가진 국민만이 전반적인 주도권을 주장할 수 있기 때문이다." 나치의 이데올로기는 생식 능력을 중심으로 동성애 행동에 대한 도덕 생물학적 비난을 조장한다. 실제로 히믈러에게 "국가의 파괴는 성적 요소[…] 남자가 남자에게 성적 매력을 느끼는 그런 요소가 개입하는 순간부터 시작된다." 이 "고약한 폐단"과 싸우는 것은 국가의 가장 중요한 의무이자 생존의 몸짓이 된다. "만약 우리가 이 악과 싸울 수 없는 만큼 독일에 계속 퍼진다면, 그것은 독일의 종말, 게르만 세계의 종말이 될 것임을 알아야 한다." 나치의 최고위 지도자는 다음과 같은 결론을 내린다. "우리가 동물처럼 행동한다는 것은 동물을 모욕하는 것이다. 따라서 정상적인 성생활은 모든 국민에게 하나의 과제가 된다."

1937년 3월 4일 자 게슈타포 주간지 《흑군단Das Schwarze Korps》의 사설은 2백만 명의 동성애자가 있다는 것을 알리며 그들의 절멸을 강력히 주창했다. 어떻든 나치 범죄자들은 동성애자와 레즈비언에 대한 박해에 착수하기 위해 이 제안을 기다리지는 않았다. 1936년부터 동성애자들이 대거 집단 수용소로 보내졌고, 거의 살아남지 못했다. F.렉터F.Rector에 따르면, 15,000명의 동성애자가 수용소에서 희생되었으며, 적어도 50만 명의 동성애자들이 교도소에서의 즉결 처형, 자살 또는 실험적 치료로 인해 사망했다.[61]

H.헤거는 고통스러운 어조로 작센하우젠의 채석장이나 플로센뷔르그 수용소에서 삶을 마친 동성애자들의 운명을 기록했다. P.실(Pierre Seel 1923~2005)의 증언 또한 동성애자들에 대한 증오가 가공할 차원에 도달할 정도로 얼마나 커질 수 있었는지를 보여준다.[62] "히틀러가 인종 기준에 따라 제거하

기로 한 수백만 명의 남녀 중 수십만 명의 남성이 학대와 고문으로 목숨을 잃었다. 단지 그들이 자신과 같은 성별의 사람들을 사랑했기 때문이다."[63] 강제수용소에서 분홍색[64] 삼각형을 부착한 사람들은 아주 최근에야 공식적으로 나치즘의 희생자로 인정되었고, 독일은 2차 세계 대전 이후에도 오랫동안 유지됐던 나치 법령에 따라 당시에 동성애 유죄판결을 받은 사람들에게 2017년이 되어서야 명예 회복과 보상의 길을 열었다. 사실, 그들에 대한 박해의 법적 근거인 형법 175조는 1969년까지 그대로 유지되었다. 전쟁이 끝날 무렵 다른 모든 피해자는 미국 정부에 망명 요청의 기회를 얻었지만, 동성애자들은 그들의 <질병>[65]을 이유로 단호하게 거부되었다. 이러한 사례들이 희생자들이 직면해야 했던 침묵을 설명해주고 있다.

제 4 장

동성애 혐오의 원인

동성애 혐오의 원인

심리적, 사회적 현상으로서, 동성애 혐오는 권위주의적 정신 구조와 일부일처제의 이성애를 성적, 정서적 이상으로 상정하는 사회조직의 복잡한 관계에서 그 뿌리를 발견할 수 있다. 지속적으로 동성애 혐오를 촉진하거나 조장하거나 일반화하는 요인들을 이해하기 위해 주목해야할 것은 바로 이 심리적, 사회적 상호작용이다. 우리 각자에게 잠재적인 동성애 혐오증이 있다면 이는 동성애 혐오가 각 개인의 정체성을 형성하는데 필요한 요소처럼 보이기 때문이다. 이는 교육에 강한 뿌리를 두고 있기에, 그것을 없애기 위해서는 우리의 인지 범주를 해체하는 실질적 훈련이 필요하다. 개인의 동성애 혐오(거부)와 사회적 동성애 혐오(이성애적 패권)는 비록 밀접한 관계가 있지만, 분리되어 작동할 수 있고 독립적인 방식으로도 존재할 수 있다. 따라서 동성애자에 대한 거부감을 느끼지 않으면서(오히려 그들을 존중하면서)도 동성애자들은 평등하게 대우받을 자격이 없다고 여길 수 있다. 여성혐오에 대해서도 마찬가지다. 수많은 남성이 여성을 대상으로 취급하면서도 여성을 원하고 사랑하고 있지 않은가.

어떤 형태의 동성애 혐오는 동성애자에 대한 뚜렷한 반감 없이도 가능하다. 다시 말해, 자신을 게이와 레즈비언의 친구로 여기면서도 사실상의 동성애 혐오자가 될 수 있다. 이성애 주의가 존속하기 위해서 반드시 동성애자에 대한 증오나 비이성적 적대감이 필요한 것은 아니다. 동성애를 열등한 지위에 배치하는 이 차이에 대한 심리적 정당화만으로 충분하다. 차이에 호소할 때, 이 차이는 결코 게이나 레즈비언에게 유리하게 적용되지 않는다. 아무도 동성애자들에게 더 많은 권리를 주거나 그들에게 유리한 혜택을 마련하도록 동성애의 특수성을 강조할 생각은 하지 않는다.

앞의 장들에서 언급한 이데올로기적, 역사적 사례들은 동성애에 관해 우리의 이미지가 구축된 환경을 명확하게 드러내고 있다. 그 이외에도 게이와 레즈비언을 향한 적대감을 이해할 수 있는 또 다른 요소들이 있다. 차별주의적 이데올로기는 성별 구분을 적극적으로 지지하며 젠더의 다양성을 극단적으로 밀고나가면서 동성애자 거부(혹은 분리)를 사회적 결속과 개인의 안정을 보장하는 중심 요소로 만든다.

1. 남성 정체성의 구성요소로서의 동성애 혐오

첫 번째 장에서 일반적인 동성애 혐오가 동성애자와 레즈비언뿐만 아니라 소위 생물학적으로 결정된 성역할에 따르지 않는 모든 개인을 어떻게 공격하는지 살펴보았다. 성적 정체성을 구성하는 이항 논리는 적대감에 의해 작용한다. 그러므로 남자는 여자의 반대이고, 이성애자는 호모와 반대이다. 남성 중심 사회, 특히 남성적 가치관이 길러지는 사회에서, 그들의 '배반'은 가장 가혹한 비난을 촉발할 수밖에 없다. 따라서 남성성의 부족, '여장남자로 분장하기', '새침한 모습을 보이기', '클럽 외출을 위해 화장하기' 또는 '고음의 작은 목소리나 혀 짧은 소리로 말하기'와 같은 남성성의 결여는 여성성에 다가서는 것이다.

남성 이성애자를 대상으로 어느 정신의학팀이 수행한 연구는 동성애 혐오와, 친밀감을 형성하기 어려운 남성들의 관계가 밀접한 관련이 있음을 보여준다. 몇몇 설문조사에서 남성들은 사생활을 드러내는 것에 큰 어려움을 겪고 있는 것으로 나타났다. 여성과 비교했을 때, 남성은 동성의 친구들을 더 쉽게 사귈 수 있지만, 우정 관계에서 자신의 감정을 표현하는데 상당한 당혹감을 느낀다.

친밀감에 대한 이 장벽은 남성의 사회화에서 비롯된 것으로 보인다. 경쟁, 허약한 모습을 보이는 것에 대한 강박적 두려움, 감정 조절, 그리고 동성애 공포증이 남자가 되는 방식을 형성하는 요소이다. 토그놀리Jerome Tognoli에 따르면 동성애자에 대한 증오가 남성성의 (자기)구성 요소 중 가장 강력한 것으로 나타났다. 여성에게 매우 폭넓은 관용성을 보이는 동시에 게이에 대한 강한 적대감을 보이는 24개의 연구결과[66]에 따르면, <동성애자pédé>로 간주 될 수 있다는 두려움이 전통적인 남성 역할의 구성에 있어 불가항력적 힘을 차지한다. 남성의 사회화 과정에 따라, 역할 학습은 여성성과의 지속적인 비교를 통해서 이루어진다. E.베댕터E.Badinter는 다음과 같이 쓰고 있다. "남성성은 단번에 주어지지 않고 구축되어야 한다, 다시 말해 만들어지는 것이다. 남자는 일종의 가공물이다. 그래서 언제나 결함이 생길 위험을 안고 있다." 남성 기계의 가장 심각한 결함은 동성애를 생산하는 것이다. 남자가 된다는 것은 거칠고(무례하고), 경쟁적이며, 떠들썩한 사람이 된다는 것을 의미한다. 남자가 된다는 것은 여자를 무시하고 동성애자를 혐오한다는 의미를 내포한다. 남성성의 가장 분명한 특징은 이성애다. "어머니와의 분리(나는 아기가 아니다), 여성과의 근본적인 분리(나는 소녀가 아니다) 이후, 소년은 자신이 동성애자가 아니라는 것(이)을 증명해야(되어야) 한다. 따라서 다른 남자를 원하거나 다른 남자에게 욕망의 대상이 되는 것을 원하지 않는다."[67] 동성애 혐오를 강화하는 것이야말로 남성성의 본질적인 메커니즘이 된다. 그래야만 동성애 욕망에 대한 은밀한 공포를 억누를 수 있기 때문이다. 이성애 남자에게 있어서 여성화된 남자와 마주한다는 것은 자기 자신의 여성성에 대한 불안을 일깨우는 것이다. 특히 자신이 '연약한 성'의 특질인 민감성, 소극성, 취약성, 부드러움에 대항하면서 구축되어야 했기 때문에 더욱 그렇다. 그런 의미에서, 남성들 사이의 성관계에서 능동적 역할을 맡는 많은 남성은 자신을 동성애자라고 생각하지 않는다. 그들에게 남성성의 자격을 결정하는 것은 사실 파트너의 성별이 아닌 수동성이다. 삽입 당하는 것이야말로 여성에게 고유한 것으로 나타난다. 여성화로써 체험된 이 수동성은 그 주체를 실제 동성애자로 만들 가능성이 있다. 반면에, 만약 누군가 능동적 역할을 취한다면, 그는 자신의 성을 배신하지 않는 것이고, 따라서 동성애자가 될 수 없다. 물론 능동적인 것만으로는 충분하지 않다. 남성동성애에 있어서의 삽입은 자신의 남성성에 대한 이미지를 위태롭게 할 수 있기에 애정을 동반하지 않아야 한다. 그러므로 주기적으로 동성애 관계를 맺는 다수의 남성은 자기 부정을 통해 게이 정체성을 완벽히 부정하고 동성애에 대한 증오를 강하게 품게 된다. 이러한 증오는 '타펫(여성 역할의 동성애 남성)'과 여성을 경멸하면서 자신의 존재를 끊임없이 입증해야 하는 취약한 남성성을 재구성하기 위해 사용된다.

그러므로 성차별과 동성애 혐오는 주로 동일한 사회적 현상의 두 얼굴로 나타난다. 동성애 혐오증, 특히 남성 동성애 혐오는 성별의 '확고 불변한(간섭받지 않는/상호 침투 불가능한)경계'를 넘어서는 행동, 몸짓, 욕망을 억제함으로써 '젠더 경찰'의 역할을 수행한다. Ch.젠타즈Ch. Gentaz에 따르면 "동성애 혐오의 사회심리적 기능은 콘돔처럼 모든 형태의 남성 침입을 외부로부터 막아내면서 이성애 남성을 여성성으로부터 보호하는 것이다. 그것은 남성성의 검열관이다. 그로부터 우리는 동성애 공포증이 모든 남성 개인의 심리를 구성한다고 가정할 수 있다."[68]

2. 동성애 혐오, 성차별주의의 수호자

남성적 혹은 여성적 본성이 본래 개인들 각자에게 대립적이고 논리적으로 부여되었다는, 두 성별의 배타적 실존에 관한 사회적 믿음이 객관적 사실처럼 제시된 성 질서를 재생산한다. 여기에서 인간 포유류의 수컷과 암컷의 생리적 여건을 따지거나 성별 신체적 차이를 부정하는 것은 아니지만, 이 문제를 다루는 또 다른 방법은, 이 '본래의' 확실성에 의문을 제기해보는 것이다. 이 확신에 대한 의구심은 전적으로 고유한 자의식과 세계관을 조직하는 사고의 최종심급으로써의 남성/여성의 이분법을 겨냥한다.

따라서 생물학적 여건이 법 제정과 직접적인 관련이 있는지 의심해보는 것은 타당하다.

남성과 여성의 차이에 대한 견해는 존재의 생물학적 성질이 특정한 형태의 사회적 귀속을 결정한다는 생각에 기초하고, 그 결과 남성 혹은 여성 생식기를 소유하는 것에 따른 법적 차별대우는 정당화될 것이다. 따라서 여성은 남성과 근본적으로 구별되며 생식 기능에 따라 고려된다. 남녀 생식기의 동등함이 빈번히 언급되더라도 이러한 동등함은 상호보완성, 더 나아가 종속성의 근거가 된다. 이 기이한 지적 조작이 지위와 역할의 배치를 지정하고, 개인은 그 지위와 역할 안으로 자연스럽게 편입된다. 따라서 생물적 존재는 밤이 낮을 따르거나 혹은 계절이 이어지는 자연의 이치대로 남자 혹은 여자로 변화한다. 결국, 자연(숫컷/암컷)의 운명을 따르고, 남성 혹은 여성의 인류학적 소명을 받아들이는 것은 전적으로 자연스러운 일이다. 따라서 차별주의적 사고는 생물학적 또는 문화적 측면에서 성별 차이를 뿌리내리려 한다. 즉, 여성은 모성적 능력으로 인해 남성보다 이타적이고, 부드럽고, 야망이 덜하며, 민감하고, 상대방을 더 배려할 것이다. 더 공격적인 성격의 남성들은 외적인 삶, 상업, 정치와 잘 어울릴 것이다. 이들은 모두 확고한 신념(doxa)으로 이어지는 사회적 통념이다. 그러나 남성과 여성 모두는 개인의 소관이 아니라 다른 사람들과의 관계에서 형성되는 것이다. 남성과 여성은 자연적이거나 보편적인 범주를 나타내는 것과 거리가 먼 특정한 사회화의 산물이다.[69] 성의 구분은 불평등의 암묵적 정당화를 가능케 하는 행위이자 그것을 사회적으로 재생산하는 정치적 메커니즘이다. 인류학적으로는 불가피한 것으로 묘사되는 이 차이는 '필연적으로' 성을 지닌 존재라는 생각을 규범적으로 구조화한다. 말하자면 우리는 젠더와 섹슈얼리티에 관한 이분법적 논리를 맹목적으로 고수하도록 강요하는 문화 시스템 안에 갇혀 있다. 우리는 남성이거나 여성, 동성애자이거나 이성애자이고, 남성이면 남성적이어야 하고 여성적인 여성에게 끌림을 느껴야 하며, 그 반대의 경우도 마찬가지다.

성의 차이에 대한 대안적 사고는 이 차이를 생물학적 실재가 아니라 반대로 정치적 형성, 푸코의 표현에 따르면 하나의 '장치'로써 고려하는 데 있다. "담론, 제도, 관행, 절차, 이질적 과정 전체, 권력관계를 가로지르는 하나의 총체, 그 안에서 개인과 집단은 개입이 발생하는 대상인 동시에 장치의 범주들과 관련해서 자신을 스스로 사고하는 주체로 구성한다." 이러한 관점에서 성별 구분은 자연적 여건이 아니라 개인을 예속하려는 정치적 기획을 나타낸다. 우리가 <양성 모델>이라고 표현하는 방식은 T.라쾨T.Laqueur가 말했듯이 최근에 고안된 것이다. "18세기 이후의 지배적인 관념, 전혀 보편타당하지 않은, 이 관념은 변하지 않는, 절대적으로 상반된 두 개의 성이 있다는 것이고, 남성과 여성의 정치, 경제, 문화적 삶과 성 역할은 어떻든 이러한 '사실'에 바탕을 두고 있다는 것이었다. 생물학(성적으로 고정된 비역사적 신체)은 사회 체계에 관한 규범적 주장의 인식 근거로 이해되었다."

게이와 레즈비언의 결혼과 친자 확인권 주장이 이처럼 부정적인 반응을 보인 것은 현재의 성질서를 뒷받침하는 남성/여성 이분법에 의문을 제기했기 때문이다. <남성>과 <여성> 범주는 법적으로 작동 중이며 불평등을 정당화시키고 있다. 그런 의미에서 성 체계(남성/여성)를 옹호하는 것 역시 섹슈얼리티의 차이(동성애/이성애)를 전제로 한다. 반면, 성별 차이가 권리 주체의 자격요건과 직접적 관련이 없다면, 그리고 결혼과 친족 문제를 포함한 권리 행사에서 남자 혹은 여자라는 사실이 영향을 미치지 않는다면, 게이나 레즈비언의 요구는 권리 주체의 법적 승인에 따라 안정적으로 반영될 수 있다. 바로 그러한 이유로 섹슈얼리티의 평등은 확립된 성질서를 위협할 수 있는 전복적인 기획으로 인식된다.

성 구분의 정치적 기제를 보존하는 것 또한 섹슈얼리티의 차이를 보존하는 것을 내포한다. 상호보완적이고 상이한 여성적 '본성'과 남성적 '본성'이 있다는 믿음은 오직 이성애 관계만이 생식적 차이를 통해서 서로를 보완할 소명을 지닌 존재들의 진정한 만남을 가능케 한다는 통념의 근원이 된다. 이 논리에 따라 동성애자의 결혼은 정치적이고 문화적 가치로써 성별 차이가 실현되는 상징적 장소인 이성애 커플의 모델을 '광적인 평등주의'로 위험에 빠뜨리지 않는다는 조건 아래 받아들여진다. 이와 같은 커플의 분리는 성별 차이를 보존하기 위한 인류학적 필요로써 등장한다. 이는 마치 흑인 분리 정책을 합리화하기 위해 사용했던 "분리하지만 평등한"이라는 미국 대법원의 낡은 교의와 마찬가지로 차별주의적 동성애 혐오는 이성애의 규범적 우월성을 보전하기 위해 동성애자를 일반법에서 분리해야 한다고 주장한다.

3. 동성애 혐오와 사회적 심리적 붕괴의 환상

동성애가 여전히, 그렇게 많은 적대감을 불러일으키고 있다면, 그것은 이기적 나르시시즘과 자유를 혼동하는 무절제한 개인주의에 의해 도구화된 현대사회가 붕괴되는, 심리적, 도덕적 타락 과정의 최종 단계로 동성애를 인식하기 때문이다. 이러한 개인주의는 온전한 사회구조에 해로운 관행으로 제시되는 다중파트너십의 일상화, 피임, 낙태의 합법화를 부르는 원인이 될 수 있다. 이 과정에서 동성애는 문명 붕괴의 최종 단계를 상징한다. 동성애를 야만적인 관행과 동일시했던 19세기 후반 인류학자들처럼, 현대의 이데올로그들은 동성에 대한 욕망 속에서 나르시시즘에 젖은 정서적 사춘기의 징후를 보고 있다. 따라서 '현대의 섹슈얼리티들', 특히 동성애는 개인의 관계적 차원을 배제하면서 이기적 실현만을 배타적으로 지향한다는 비난을 받고 있다. 이러한 이유로 이성애는 개인의 쾌락과 사회적 결속을 결합할 수 있는 유일한 것으로 여겨지고, 그런 의미에서 종의 목적에 부합한다. "삶을 후대에 전달하는 것 또한 사회적 행위이며, 무력감에서 벗어나려는 자기도취적 욕구 충족이 삶의 전부는 아니다."[70] 또한, 생식으로부터 분리된 모든 성관계는 그 종의 생존을 개인의 생존 뒤에 놓기 때문에 의심스러워 보인다.

이 이데올로기 안에서 동성애에 대한 억압은 일종의 사회적 '정당 방어'가 된다. 신부이자 심리학자인 T.아나트렐라는 "동성애 성향이 조기에 성적으로 발현되지 않았을 때 그것은 사회적 감정으로 전환된다. 그로부터 사회적 관계가 형성된다. 이러한 경향은 동성과의 친밀함으로 발전하면서 사회적 유대, 공감, 요컨대 사회화를 가능케 한다." 억압적이란 느낌을 주지 않기 위해 표현된 '동성애의 경제성'이 바로 사회화의 토대를 이룬다. 동성애를 합법화하는 것은 사회를 위험에 빠뜨리는 것과 같다. 사회를 문화적 붕괴로 이끌지 않으려면 동성애 욕망에 따른 자기애와 원시적인 성관계는 배제되어야 한다. 이러한 논리는 개인이 인류학적 질서(이성애)를 위태롭게 하는 순간엔 이성애가 반드시 우선시되어야 한다는 이성애 사회의 방어이론에 기초하고 있다.

성의 차이를 강화하고 이성애를 권장하는 것이 문명화 과정의 필수 조건이라면, 동성애에 대한 비하와 낙인찍기는 공동체 생존을 위한 도덕적 의무의 논리적 결과로 나타난다. 개인의 이익과 공동의 이익을 대립시키는 이 변증법으로, 전자가 반드시 후자에 종속된다고 결론짓기 위해서는 후자의 질서가 무엇인지 임의로 결정하기만 하면 된다. 모순이 발생할 경우, 어떤 것의 생존이 다른 것의 소멸을 정당화할 수 있다. 그러나 이런 부도덕한 논리 외에 동성애를 사회에 해로운 행동으로 간주할 수 있는 것은 아무것도 없다. 하지만 배제를 정당화하기 위해서 주저 없이 동성 커플의 생식적 불능 상태를 강조한다. 만약 재생산이 하나의 섹슈얼리티(동성애)를 희생시켜가며 또 다른 섹슈얼리티(이성애)의 사회적 이익을 규정한다면, 왜? 이성애 독신자들에게는 결혼을, 결혼한 커플에게는 재생산을 강요하지 않는가? 왜 불임자에게 치료를 강요 하거나 입양을 강요하지 않는가? 그리고 왜 피임이나 자발적인 임신중절을 계속 허용하는가? 재생산 논리 이면에 반동성애적인 적대감이 숨어있는 것은 아닌지 의문을 품을 수밖에 없다.

마찬가지로 게이와 레즈비언은 타자 인식의 불능상태에 있다고 알려져 있었다. 정신분석의 대중적 사고는 그들의 정신 구조가 성별 차이를 인식하지 못하게 함으로써 결과적으로 타자성을 인식하지 못할것이라고 주장한다. 그러나 타자성이 반드시 이성을 향한 것이라는 가정은 잘못된 것으로 보일 뿐만 아니라 무엇보다도 이념적으로도 위험하다. 타자는 그 자체로서 사랑받는다. 따라서 그것을 해부학적 차원으로 축소하는 것은 환원적 유물론의 한 형태가 된다. 게다가 이성애가 반드시 타인에 대한 배려와 존중을 보증하지는 않는다. 남성의 '이성'인 여성이, 타인의 존재를 인지하는데 필요한 심리적 자질들을 모두 갖추었다고 여겨진 이성애 남성으로부터 피해를 당했거나 여전히 피해자로 머물러 있는 고통스러운 현실을 우리는 충분히 목격할 수 있다

동성애에 대한 사회적 인정이 결국 문화적 붕괴를 촉발할지 모른다는 환상은 가계의 종말에 대한 두려움에서 비롯된다. 동성결혼을 언급하는 것만으로도 어떤 사람들은 죽음 공포증이나 다름없는 불안감을 느끼며, 이 불안감은 동성애자들에 대한 적대감의 형태로 나타나고, 따라서 종의 멸종이 올 수도 있다는 가상의 위험에 대한 책임을 동성애자에게 돌린다. 이런 허황한 환상이 바로 동성애 혐오를 조장하고 부추기고 있다. 동성애자들이 종의 생존을 위태롭게 할 것이라고 진지하게 생각할 만한 것은 아무것도 없다. 그들은 항

상 존재해 왔고, 그것이 인구 증가(인구 초과)를 방해한 적이 없다. 생식에 관한 의학 기술의 현재 수준을 고려할 때, 그 누가 종의 번식이 유일하게 이성애 성행위에 달려있다는 것을 고수할 수 있을까?

4. 동성애 혐오자의 성격

동성애 혐오를 병리학적 유형의 비합리적 두려움으로 보는 제한적 해석은 분석된 현상을 극히 부분적으로만 설명할 수 있기에 많은 비판을 받아왔다. 이것이 바로 우리가 인종 차별이나 반유대주의에 버금가는 문화적, 사회적 표현으로서 동성애 혐오에 더 많은 관심을 기울이는 이유다. 그럼에도 이성애주의자의 사회화와 게이, 레즈비언에게 적대적인 문화적 규범으로의 강력한 동화의 상호작용의 효과를 이해하기 위해서는 이 문제의 심리적 측면을 다뤄야 할 것이다. 공포증의 유형에서 가장 폭력적인 반응은 일반적으로 자신의 동성애 욕구에 맞서 싸우는 사람들에게서 나온다. 그런 의미에서, 게이에 대한 비이성적인 폭력은 동성애에 대한 무의식적 동화에서 유발된 아주 불쾌한 감정이 투영된 결과라는 일종의 심리 역학적 설명이 가능하다. 따라서 동성애자는 스스로 용납할 수 없는 것으로 느끼는 자신의 동성애에 공포증을 느끼게 될 것이다. 동성애자에 대한 폭력은 단지 자기혐오의 표현이거나, 더 정확히 말하면 지우고 싶은 동성애적 자아의 한 부분에 대한 폭력일 뿐이다. 동성애 혐오는 어린 시절 원만히 해결되지 않은 갈등의 결과이자 동성애자로 추정되는 사람들을 향해 무의식적으로 분출하도록 부추기는 심리적 기능 장애로 여겨진다. 이 방어 기제는 동성을 갈망하고 있는 자기 내면의 불안을 줄이는 데 도움이 될 것이다. 베르사니Bersani에 따르면, 오로지 남성들에게서만 나타나는 이 불합리한 태도는 "주로 항문 삽입의 형태로, 여성성을 상상으로 경험하는 끔찍하고 다소 은폐된 환상에 대한 증오의 표현일 수 있다." 이성애 남성들 사이에서 동성애 혐오를 조장하는 것으로 여겨지는 요소는 게이에 대한 무의식적인 질투인 듯하다. 게이는 이상적인 남성상에 대한 강박에서 벗어나 성적 자유를 더 많이 누리는 것으로 인식된다. 그러나 이러한 욕구 실현이 불가능한 문화 속에서, 질투는 질투심을 유발하는 존재를 향한 적개심으로 변한다.

　다수의 심리학적 연구들은 나이, 성별, 학력, 사회적 환경, 종교적 또는 정치적 소속과 같은 특정 요소들이 문제를 이해하는 데 변수가 된다는 것을 보여주었다. 예를 들어, 남성들은 여성들보다 동성애자에 대한 반감을 더 쉽게 드러내고, 전통적인 성역할(여성적/남성적) 이미지를 가진 사람들은 동성애 남/여에게 더 적대적이다. 보수적인 남성들은 손쉽게 게이들을 자신의 성별을 거부하는 개인으로 간주하고, 따라서 그들은 이성애 규범, 남성성, 그리고 그에 따른 특권들을 위협하고 있다. 게이들을 거부하면서, 많은 이성애자 남성은 실제로 그들 내면 안에 깃든 남성 동성애 성향과 불가분의 관계에 있는 여성성을 폄하하고 있다.

마찬가지로, 인종차별은 대부분 여성혐오와 동성애 혐오를 동반한다.[71] 714명의 대학생을 대상으로 한 조사에서, 심리학자 존슨Johnson, 브렘스Brems, 앨포드-키팅Alford-Keating은 동성애자를 대하는 태도를 분석한다. 그 연구는 청소년기와 동성애 혐오 사이에 직접적인 관계가 있음을 보여준다. 나이가 많은 학생일수록 동성애 혐오가 덜하다. 한편, 분석 집단의 신앙심 수준은 동성애 혐오와 비례한다. 즉, 일신교의 독실한 신자라고 밝힌 사람들은 동성애자에 대한 권리를 인정하는 것에 대해 그렇지 않은 사람들보다 덜 호의적인 것으로 드러났다. 시골에서 온 사람들이 대도시의 사람들보다 더 동성애 혐오를 보이는 경향이 있다.[72] 게이와 레즈비언을 자주 접할 기회와 타인에 대한 개방성 역시 동성애 혐오 감정의 발달을 가로막은 중요한 요소이다. 또한 동성애의 유전적 기원에 대한 믿음은 동성애에 관해 매우 관대한 감정을 유발한다. 반대로, 동성애를 선택으로 여기는 사람은 동성애를 비난할 가능성이 더 크다.

권위주의적인 유형의 완고한 성격을 지닌 일부 동성애 혐오자들은 온갖 형태의 공포증에도 특유의 증상을 드러낸다.[73] 동성애 남/여에 대한 적대감을 유발하는 심리적 요인이 몇 가지 있다. 당연히 자신이 이성애적 규범 사회에 속한다는 것을 스스로 느껴야 하는 절대적 필요와 동성애에 대해 다수가 비합리적인 거부감을 느끼도록 유도하는 지배 담론에 따라, 남들과 다른 사람으로, 규범 밖에 있는 사람으로 인식되지 않으려는 강박관념이 그중의 하나이다. 타인의 시선에 의해 살아가는 이런 유형의 성격은 더 쉽게 편견에 동화되고 동성애에 대한 상투적 인식을 내면화한다. 또 다른 경우, 동성애 혐오는 무의식적 갈등에 대한 방어 기제로 작동한다. 20여 년 전부터 가장 권위 있는 학술지들은 동성애 혐오를 성격 장애나 정신 건강의 문제로 보고 있다. 유명한 심리학자 S.페렌치는 이미 40년대에 어떤 이들에게 동성애 혐오와 반감은 동성에 대한 자신의 끌림을 방어하는 증상적 반응에 지나지 않는다는 의견을 제시했다. 자신의 섹슈얼리티에 문제가 있거나 일반적 섹슈얼리티에 대한 현저한 죄의식은 모두 동성애 혐오 반응의 원인이 될 수 있다.

권위주의적 유형의 심리구조를 지닌 동성애 혐오자의 성격은 폐쇄적이고 예측 가능한 체계 안에서 세계를 이해하는, 극단적으로 단순한(틀에 박힌) 인식 범주들과 함께 작동한다. 따라서 게이는 당연히 성적인 난잡함에 휩싸인 천박한 사람, 외톨이 혹은 자기도취적인 사람이다. 레즈비언은 남자에게 공격적이고 적대적인 여자로 인식된다. 이것이 바로 동성애 혐오자가 스스로 동성애자임을 분명하게 드러내지 않는 사람들보다, 'la folle(미친년)' 혹은 'la camionneuse'(여성 트럭운전사, 레즈비언의 남성역할을 빗댄 말-옮긴이)처럼 정형화된 모습을 외적으로 표출하는 동성애 남/여에게 덜 폭력적인 이유이다. 동성애 혐오자는 위와 같은 고정관념으로 일정한 거리를 유지하며 자신을 안심시킬 수 있지만, 일단 그런 고정관념이 사라지면, 자신의 동성애를 상상하는 불안감이 공포와 혐오를 촉발한다. M.도레M.Dorais가 지적한 바와 같이, "동성애가 이미 게이나 레즈비언인 사람들에게만 관심을 보인다는 사실은 위안을 준다." 반면, 모든 사람이 동성애 욕망을 느끼거나 동성애 관계를 맺을 수도 있다고 상상하는 것은 극도의 불안을 유발한다. 특히 자신이 속한 성별의 규범에 충실한 사람들은 더욱 그렇다. 그런 의미에서, 고정관념은 특히 그것이 따라야 할 본보기로 등장할 때, 언젠가 자신의 지위를 잃거나 소속 집단에 의해 거부당할지도 모른다는 정체성의 불안을 완화해주는 중요한 심리적 역할을 한다.

고정관념화된 표현이 지배적인 다수와 낙인찍힌 소수 사이의 관계를 결정하는데 그 관계의 중심에서 피지배자는 항상 동질의 통일된 집단의 일원으로 간주되는 반면, 지배자는 자신의 소속 집단을 서로 다른 요소들로 구성된 이질적 집단으로 표현한다. 후자가 보여주는 전형적인 방식은 낙인찍힌 집단 구성원의 눈에 일종의 '규범적' 정당성으로 비친다. 지배적인 이성애자 다수가 피 지배적인 동성애 소수자에게 부여한 그 속성 그대로 소수자의 의식과 정체성이 만들어진다. 실제로, 상당수의 동성애자가 종종 무의식적으로 이성애 주의적 담론에 따라 이미 정해진 태도와 성격에 동화된다. 즉, 동성애자가 지배자의 시선에 의해 '분류'되는 방식은 게이와 레즈비언이 자신을 인식하는 방식을 규정한다.

5. 내면화된 동성애 혐오

   게이와 레즈비언은 동성애 혐오 감정에서 벗어날 수 없다. 동성애자에 대한 사회의 증오는 프루스트의 소설《잃어버린 시간을 찾아서》의 등장인물인 샤를 뤼스가 다른 동성애자를 맹렬하게 비방하는 것과 같은 자기혐오로 바뀔 수 있다. 이성애의 문화적, 심리적 우월성을 바탕으로 성적, 정서적 이상이 구축되는 사회에서 이성애 가치와의 불화로 인한 내적 갈등을 피하기는 어려워 보인다. 게다가 게이와 레즈비언은 반동성애적 적대감이 공공연히 표출되는 환경에서 성장하고 있다.[74] 모욕, 욕설, 경멸적인 발언, 도덕적 비난 또는 동정적인 태도로 나타나는 이 폭력의 내면화는 많은 동성애자가 자신의 욕망에 맞서 싸우도록 이끌며 때로는 심각한 심리적 문제를 일으킨다. 죄책감, 불안감, 수치심 그리고 우울증이 그에 따른 반작용으로 나타난다. 동성애자는 가족도, 자녀도 없이 견딜 수 없는 외로움 속에서 하루를 마감하며, 간혹 자살로 자신의 고통에서 벗어날 수밖에 없는, 그리하여 성숙한 감정을 지닌 정상적인 삶이 불가능하다는 편견이, 이러한 '비극적 운명'을 피하려고 자기의 성적 욕망을 스스로 거부하는 수많은 게이를 사로잡고 있다. <미국 정신의학 협회>는 개인과 사회의 편견이 동성애 혐오를 내면화하는 주요 요인이라고 인정했다. M.도레 박사에 따르면 이 편견의 기저에는, 생물학적 성별에 따라 우리의 행동을 규정하려는 "정체성의 근본주의"라는 것이 놓여있다. 저자에 의하면 이 근본주의는 "종교 근본주의나 전체주의만큼이나 위험하다. 그것은 억압적이고 경직된 단일한 행동 모델을 강요한다. 여성혐오, 성차별과 결합한 동성애 혐오는 심리치료사들이 소위 동성애나 양성애로 알려진 청소년들, 여성적인 소년, 남성적인 소녀 등 자연의 오류를 바로잡고 싶어 할 때 강박관념으로 작용한다." 이런 폭력의 맥락에서 젊은 동성애자들이 특히 우울증, 정신병원, 그리고 자살을 시도한다는 것은 놀라운 일이 아니다. T.하멜만T.Hammelman은 이런 관점에서 동성애가 청소년들에게 자살 시도를 유발하는 주요 원인 중 하나라는 것을 보여준다. 사회적 고립, 괴롭힘, 가족의 거부 등, 수많은 폭력적인 위협이 자존감 상실을 부추긴다. 미국의 한 조사에 따르면 인터뷰한 500명의 게이와 레즈비언 중 40% 이상이 스스로 목숨을 끊으려 했거나 심각하게 자살을 고려한 것으로 나타났다. 동성애 청소년들은 같은 또래의 이성애 청소년들보다 자살 확률이 3배 이상 더 많다. 프랑스의 <SOS 동성애 혐오>가 발표한 동성애 혐오 퇴치 연례 보고서가 이와 같은 현상을 잘 보여주고 있다.

게다가, 에이즈 확산이 죄책감과 자존감 상실을 심화시키면서, 내면화된 동성애 혐오는 전적으로 공중 보건의 문제가 되었다. 자신의 동성애를 인정하는 것이 그들에게는 너무나 힘겹기에 상당수의 게이는 더욱 극복하기 힘든 고뇌와 고립적 상황에 놓여있다. 게다가, 동성애자와 레즈비언에 대한 성적, 정서적 교육은 여전히 은밀하게 이루어지는 경우가 많고, 문학이나 영화, 문화적으로 다루어지는 예 또한 드물며, 설령 동성애가 소재가 될 때도 조롱이나 비극의 형태로 이루어지는 경우가 허다하다. 주위를 둘러보면 동성 커플이 등장하는 광고가 얼마나 드문가를 깨닫는 것만으로도 충분하다. 최근 몇 년 동안 레즈비언과 게이에 대한 재현[75]에 상당한 변화가 있었으나 이성애적 열정이 끊임없이 고무되는 것에 비해 동성의 사랑을 담은 영화들은 극히 적은 수에 지나지 않는다.

이렇게 문화적 언급이 부족한 상황에서, 십 대 게이와 레즈비언이 겪는 고통은 당연한 것처럼 보인다. 그런 의미에서 자신의 동성애를 공개적으로 밝히는 커밍아웃은 해방의 순간이다. 이런 행동을 통해서 수많은 게이와 레즈비언은 자신들을 가두고 있던 어떤 은밀한 그림자에서 벗어나길 원한다.

따라서 커밍아웃은 특히 이성애주의적 사회화에 종지부를 찍고 결과적으로 자신과 동료들의 자존감을 회복시킬 수 있는 전기를 만들어 낼 수 있다.

커밍아웃은 일종의 사회적 정당성을 표현하는 것이며 성 정체성의 일부로 편입될 수 있음을 상징한다. 그 어떤 이성애자도 커밍아웃할 생각은 하지 않는다. 언제나 이성애의 오만을 즐기는 그 '정상성'으로 인해 이미 공개적인 세계에 있기 때문이다. 동성애자는 자신의 차이 때문에 자신을 알리고, 허락을 구하고, 본디 자신의 운명이 아닌 영역으로 들어가려 할 때는 '정상적인' 사람들에게 미리 알려야 한다. 그러나 이러한 요구야말로 이성애 지배의 표식 아닌가.

결론

동성애 혐오와 맞서 싸우는 방법

동성애 혐오와 맞서 싸우는 방법

　인종차별, 반유대주의, 성차별과 마찬가지로 게이와 레즈비언에 대한 적대감은 무엇보다 타인의 차이[76], 특히 그 타인이 위협적으로 보이거나 단지 거슬리는 존재로 느껴질 때, 그 타인과의 차이를 받아들이지 못하는 결과이다. 수 세기 동안 동성애는 일탈적 행동으로 여겨져 왔지만, '동성애 차이'에는 정치적 의미가 없다는 것을 받아들인다면, 오늘날 동성애에 대한 예외적 법 적용은 어떤 이유로도 정당화되지 않는다. 사실 게이와 레즈비언은 공동체를 조직하지도, 정치적 주체를 구성하지도 않는다. 동성애가 분명히 많은 사람의 삶에 깊은 영향을 끼쳤지만, 동성애에는 각각의 게이와 레즈비언들이 개인적으로 자기 자신에게 부여한 의미 외에 별다른 의미가 없다. 그러나 동성애 공동체가 없는 반면 동성애 혐오로 구축된 사실상의 '이성애 공동체'가 존재한다. 동성애는 지극히 단순한 전제-이성애자는 동성애자의 반대-를 바탕으로 일종의 '이성애적 본성'을 생산해낸 사회적 동성애 혐오의 비인격적 발명품에 불과하다는 점에서 사실상 존재하지 않는다. 이성애를 향한 자발적이고 자연스러운 참여와 강력한 소속감은 모든 계층의 '정상인들'(이성애자)이 태생적인 것으로 느끼는 정체성에 즉각적이고 무의식적인 집착을 불러일으키는 효과가 있다. 그러나 이 정상성의 사회적 구축이 자연적으로 이루어진 것은 아니다. 이러한 감정이 의식의 가장 깊은 곳에 뿌리내리도록 하기 위해서는 수백 개의 신학적 지침, 의학 백과사전, 도덕적 권고, 법규, 규정뿐만 아니라 동화, 영화, 소설 등을 필요로 했다.[7] 다른 사람을 낙인찍어 자신을 강화하는 것은 다른 영역들(인종주의, 반유대주의, 성차별주의 등)에서 그 효과가 입증된 아주 익숙한 심리적 메커니즘이다.

동성애 혐오는 이성애 우월성에 대한 믿음으로 구성된 편견이자 무지이다. 실질적으로 주목해야 할 것은 바로 이런 부분이다. 어떤 원리와 논거로 이성애가 동성애보다 더 바람직하다는 주장을 계속 지지할 수 있을 것인가? 그러한 주장을 정당화하기 위해 종의 번식을 소명으로 호출하는 것을 인정

할 수 있는가? 성전(교리)은 여전히 이성애가 누리는 특권을
정당화할 수 있는가?

1970년대 초 인공수정 기술의 출현은 생식의 관점에서 이
성애의 우월성을 믿도록 한 근거들에 의문을 제기하고 있다.
이 기술은 이성애자와 마찬가지로 여성 또는 남성 커플이 부
모가 되고 가정을 꾸릴 수 있게 해준다.

동성애 혐오는 현실적으로 타인에 대한 이해와 존중이라
는 민주적 가치를 위협한다. 개인의 단순한 욕망을 이유로
개인 간의 불평등을 조장하고, 성별의 경직성을 부추기며 타
인에 대한 적대감을 조장하기 때문이다. 여전히 너무 많은
사람이 동성애를 심리적 기능 장애, 심지어 하나의 질병으로
인식하고 있으므로 동성애 혐오 행위는 사회적 문제로서 예
방과 치료의 차원에서 다루어져야 한다. 이는 1999년 1월 31
일 파리에서 수천 명의 인파가 일말의 거리낌도 없이 "동성애
자를 화형대로"라는 구호를 외치며 수많은 논란을 불러일
으켰던 PACS(시민연대조약) 논쟁이 보여준 바다. 14년 후, 모
든 커플의 결혼을 민법상으로 인정하는 심의가 열린 2012년
8월부터 2013년 5월 사이에, 고삐가 완전히 풀린 동성애 혐오
발언이 쏟아지면서 증오의 표적이 되어버린 약 350만 명의
레즈비언과 게이가 굴욕감을 느꼈다. 동성애 혐오 현상의 심

각성을 인식하는 것이 모든 예방 활동 그리고 필요한 경우 억제 활동을 벌이는 데 있어 필수적인 전제조건이다. 동성애 공포증은 레즈비언과 게이들에 대한 폭력일 뿐만 아니라 민주주의를 떠받치는 가치관에 대한 공격이라는 것을 각자 깨달아야 한다. 몽테스키외는 "만일 내가 인간들로 하여금 그들의 편견에서 벗어나도록 할 수 있다면, 나는 내가 인간들 가운데 가장 행복하다고 생각할 것이다."라고 그의 책《법의 정신》에서 쓰고 있다. 우리는 편견의 폭력성을 인식해야만 한다. 그리고 이러한 침해에 속수무책일 때는 법의 강제적 수단에 호소하는 것을 고려해야 한다

프랑스는 지난 30년에 걸쳐, 동성애 혐오 발언과 담론을 처벌할 수 있는 법적 수단을 갖춰왔다. 국가권력이 여전히 동성애 혐오에 대항할 국가 정책을 수립하지 않고 있음에도 성 소수자의 권리를 보호하고 차별에 헌신적으로 맞서 싸우는 기관들이 설립되었으며, 이는 특히 평등을 촉진하고 동성애 혐오 행위를 예방하는 활동으로 이어질 수 있었다. 더욱이 수많은 협회의 현장 활동이 없었다면 동성애 혐오와 당당하게 맞서 싸우는 투쟁도 없었을 것이다. 이 협회들은 매우 활발하게 지역적으로 구체적이고 실용적인 활동을 주도하면서 게이, 레즈비언과 그들의 주변 환경 사이의 연결 고리를

만들어내기 때문에 필수적이다. 물론 교육 환경에서의 예방 활동이 간과되었더라면 이러한 성과를 얻을 수 없었을 것이다.

1. 주요 법적 수단

헌법이 <모든 시민은 출신지와 인종, 종교의 구분 없이 법 앞에 평등>을 보장하고, 1946년의 헌법 서문이 출신, 의견, 신념에 따른 직장 내 차별을 금지하고 있지만, 성적 지향과 관련한 금지 조항은 두지 않았다. 한편, 프랑스는 유럽 인권협약의 서명국이다. 그 협약의 14조는 각각의 시민이 성적 지향을 이유로 차별받지 않을 권리를 보장하고 있다. 이러한 사법 환경에서 1982년 의회는 형법 제331조의 두 번째 조항을 폐지했는데, 이 조항은 이성간 성관계의 경우 성적 성년을 15세로, 동성애 관계의 경우는 18세로 명시했었다. 이 조항을 삭제하면서 여전히 동성애자를 옥죄고 있던 처벌에 종지부를 찍었다. 실정법은 점차 유럽법에 따라– 유럽 공동체의 지침이나 규정 혹은 유럽인권재판소의 판결 등–주거, 직장, 건강, 형사법 등 삶의 모든 영역에서 동성애 혐오 행위와 발언을 금지하고 제재하는 조항들로 채워졌다.

1985년, 특히 개인의 품행과 관련된(구 형법 187-1) 차별에 대항하는 사람들을 보호하고, 차별과 싸우는 사회적 목적을 지닌 협회가 형사 재판에 앞서 원고에게 인정된 권리를 행사할 수 있도록 허용하는 최초의 조항들이 형법에 도입되었다.[78]

오늘날, 다양한 양상을 보이는 동성애 혐오는 일반적으로 형법 132-77에 의해 <성별, 성적 지향이나 실제 혹은 추정된 성 정체성을 이유로 피해자 또는 피해자가 속한 그룹의 명예를 훼손하고 인격을 침해하는, 그리고 위의 이유 중 하나로 인해 피해를 보았다는 사실이 입증된 말, 글, 이미지, 그에 해당하는 사물이나 행위를 동반하거나, 행위로 이어지거나 선행된 범죄와 범법행위>로 규정되어있다. 또한 이 조항은 정한 형량의 가중 처벌 규정을 두고 있다.[79] 따라서 동성애 혐오는 살인, 고문이나 야만적 행위와 같은 개인을 해치는 모든 행위에 가중사유가 된다. 우발적 살인, 신체 훼손이나 영구 장애를 초래하는 폭력, 일시적으로 일을 할 수 없게 만드는 폭력, 강간, 성적 학대, 살해 위협뿐만 아니라 절도나 갈취와 같은 재산에 영향을 미치는 모든 행동의 동기가 피해자의 동성애와 관련이 있는 경우 가중 처벌의 사유가 된다.

모욕[80]이나 음해[81]에 해당하는 언술은 1881년 7월 29일의 언론자유법에 따라 금지되어 있다. 그에 따른 처벌은 그것이 동성애 혐오, 즉, <누군가의 성적 지향을 이유로 그 개인이나

집단을 향해> 공표된 동성애 혐오와 관련될 때 가중 처벌 대상이 된다. 예를 들어 동성애자를 소아성애자, 동물 성애자, 동물, 심지어 장애인과 동일시 하거나 혹은 동성애자를 에이즈의 전파자라고 비난하는 담론은 성적 지향을 이유로 개인 또는 집단에 대한 증오와 폭력을 유발하는 범죄로서 특정 범죄에 해당한다.

일반적으로 차별에 해당하는 행위와 관련해서 보호받아야 할 자연인은 형법 제225조 제1항에서 정하고 있다. <출신과 성별, 가정환경, 임신, 외모, 경제적 취약성, 성씨, 거주지, 건강 상태, 자립성 상실, 장애, 유전적 특성, 관습, 성적 지향, 성 정체성, 나이, 정치적 견해, 노조 활동, 프랑스어 이외의 다른 언어의 의사 표현 역량, 그리고 민족, 국가, 인종과 종교의 소속 여부에 기반하여 자연인들 사이에서 실행된 모든 구분은 차별에 해당한다.> 그리고 형법 제 225조 제2항은 동성애 혐오에 속한 행위를 엄격하게 정의하고 있다.[82] 게다가, 공무원들 또한 비차별적인 방식으로 행동할 의무가 있다. 평등한 대우 의무를 준수하지 않는 경우 형법 제432조 제7항에 따라 처벌된다.[83] 마지막으로, 노동법 분야에서, 고용 또는 고용 계약의 이행, 고용 계약의 종료에 관련해서 성적 지향에 따른 차별 금지는 노동법 제1132조 제1항(l'article L.1132-1)이 규정하고 있다. 즉, 이 법은 채용 지원자나 급여 노동자의 실제 또는 추정된 동성애가 채용 거부나 해고를 정당화할 수 없다는 원칙을 제시하고 있다.

동성애 혐오를 퇴치하기 위해 동성애 혐오 행위와 담론을 형사적으로 금지하는 규정이 존재하지만, 여전히 경찰에 고소장을 제출해야 하고, 고소인이 조사를 받을 수도 있으며, 관할 법원의 재판을 위해서는 가해자를 찾아내야 한다. 2018년 10월 말 3명의 장관이 <SOS 동성애 혐오> 사무국을 방문하여 어떻게 하면 현재의 동성애 혐오에 대한 대처 기준을 다른 성숙한 민주주의 국가들의 성소수자 보호 기준에 부합시킬 수 있을지 논의할 정도로 최근 몇 년간 레즈비언과 게이를 노린 폭행 사건이 끊임없이 일어나고 있다. 가능한 경우 가해자를 찾았고 유죄가 인정된 가해자에게 범죄의 성격과 행위를 고려한 처벌이 적법하게 선고되었다. 인종차별적 또는 반유대적 행위에 대한 처벌 수준, 즉 무관용 원칙이라는 수준으로 처리될 수 있도록 최근 몇 년 동안 동성애 혐오 행위에 대한 대응책을 개선하려는 노력이 이루어지고 있지만, 사법부나 법 집행 기관[84]의 전문 인력에 대한 교육이 원활하게 이루어지지는 않고 있다.

동성애 혐오 행위로 공동체의 사회적 계약이 깨진 경우 제재가 필요하지만, 실질적이고 내실 있는 작업이 수행되지 않을 때 그와 같은 제재만으로는 충분한 효과를 거둘 수 없다. 이를 위해서는 어떻든 민간 협회의 활동과 더불어 정부가 힘을 쏟아야만 한다.

2. 2000년대 이후에 설립된 기구들

1) La Halde puis le Défenseur des droits.(라할드/인권 보호 기구)

유럽 지침에 따라 프랑스는 2004년 12월 30일, 독립 행정 기구인 <차별 퇴치와 평등을 위한 고등 기관(Halde)>을 설립했다. Halde는 평등을 촉진하고 차별에 맞서기 위해 주목할만한 활동을 해왔지만 2011년 <인권 보호 기구(le Défenseur des droits)>[85]로 통합되었다. 대통령령의 인권 보호 기구는 프랑스에서 합법적으로 비준한 국제협약이나 법에 따라 금지된 직간접적 차별 퇴치, 평등 증진 등 5가지 주요 업무를 담당하는 독립된 헌법기구이다. 인권 보호 기구는 관련 당사자가 직접 청원을 제기할 수 있고 수사 및 검증(testing-차별 행위를 밝히기 위해 사용하는 실무 절차) 권한을 갖고 있다. 인권 보호 기구는 조사 결과에 따라 청구인과 합의하여 형사 합의나 중재를 요청할 수 있으며, 권고사항을 공식적으로 제출하거나 검찰청 또는 담당 징계 당국에 제소할 수 있고, 마지막으로 법원에 진술서를 제출할 수 있다.

2) DILCRAH(인종차별, 반유대주의, 반LGBT 증오에 대항하는 정부 통합 대표단)

2012년 2월에 창설된 <DILCRAH>[86]는 2016년 반 LGBT 차별과 증오에 대항하는 싸움으로 개입 범위가 넓어졌다. 2016년, 반 LGBT 차별과 증오에 대해 3년을 기한으로 하는 활동계획을 제시했다. 2018년에는 피해자 지원과 예방 교육에 중점을 두고 LGBT 혐오에 대항하는 지역 프로젝트를 개시했다.

3. 비영리 조직

공권력이 현실을 인식하기도 전에 이미 동성애 혐오에 맞서는 협회들이 결성되었다. 가장 오래된 단체는 1994년에 설립된 <SOS 동성애 혐오>[87]다. 이 단체는 지속적인 노력을 통해 동성애 혐오에 맞서 싸우는 첨병이 되었으며 현재 피해자 지원과 전화 상담, 그리고 세계 동성애 혐오 퇴치의 날을 맞아 매년 5월 17일 발간하는 연례 보고서로 잘 알려져 있다. 이

연례 보고서는 프랑스에서 동성애 혐오에 관해 가장 정확한 자료를 담은 유일한 문서이다.[88] 또한 <SOS 동성애 혐오>는 피해자 동의하에 원고로서 형사소송을 통해 성 소수자라는 이유로 공격을 당하는 모든 LGBT+의 변호를 맡는 등 피해자 지원에 정기적으로 참여하고 있다.[89] 또, 이단체는 2017년 파리 생제르맹 축구 클럽과 함께 제기한 소송[90]이나 법률혼의 이성애적 규정에 반론을 제기하는 헌법재판소의 사후적 위헌법률심사제도(QPC)의 청구처럼 동성애 혐오 행위를 멈추기 위해 소송을 제기하는 것도 꾸준히 지속하고 있다.

동성애 혐오와의 싸움에 전념하는 다른 단체들, 예를 들어 <RAVAD>[91], <Mosse>[92], <Stop 동성애 혐오>[93]또는 <Adheos>[94]등이 설립되었다. 각각의 단체들은 각자의 수단을 동원해서 피해자를 위한 법률적 지원이나 심리적 지원을 포함해서 동성애 혐오와 싸우고 있다. 일반적인 동성애 혐오에 대항하기 위한 단체들과 더불어 열거할 수 없을 만큼 많은 다양한 단체가 특정 영역에서 만들어졌고 여러 형태로 표출된 동성애 혐오에 맞서 싸우고 있다. 예를 들어, 가족들로부터 버림을 받고 거리로 내몰린 젊은 게이와 레즈비언, 트랜스젠더들을 위한 대피소가 문을 열었다.[95] 또 다른 분야인 스포츠, 특히 축구팀 레 고뫼즈 les Dégommeuses(주로 레즈비언과 트랜스젠더로 구성된 축구팀으로 스포츠 분야에서의 차별에 맞서 싸우고 있다-옮긴이)의 헌신적 활동이 스포츠뿐 아니라 다른 많은 분야에서 레즈비언을 괴롭히는 성 고정관념을 해체하는 데 상당히 기여하고 있다.[96]

4. 교육 환경에서의 동성애 혐오 방지

넓은 의미로 부모, 학교, 그리고 주변 사람들을 통해 이루어지는 교육은 수많은 편견으로 동성애 혐오를 조장하는 성 고정관념을 해체하는 바로 그 현장이다. 학교에서 시민의 자격과 공동생활 규칙을 배우는 것은 학문적 지식 연마와 더불어 권리와 의무의 존중이 교육의 기본목표이기 때문이다. 이러한 이유로 <SOS 동성애 혐오>는 2004년부터 학교 현장에서 학생들을 위한 교육 활동에 참여하고 있다. 이를 위해 이 단체는 교육부로부터 국가의 승인을 받았다. 이 문제를 점차 인지하기 시작한 교육부는 2008년 자신의 섹슈얼리티에 문제를 느낀 청소년들에게 AZUR 라인[97](자기의 성적 지향과 성 정체성에 의문을 품은 모든 사람에게 정보와 지원을 제공하는 기구)을 알리기 위해 고등학교를 대상으로 대규모 캠페인을 벌였다. 이 캠페인은 학교 내 동성애 혐오로 발생하는 사태를 예방하는 최선의 대책에 속한다.

　같은 시기, 교과서 내의 소녀와 소년을 표현하는 상투적 방식에 주목하는 최초의 연구가 나왔다. 그러나 학교 교과서에 동성애에 대한 적절한 표현을 담아내고 평등한 권리 확보를 위한 성 소수자의 투쟁 역사를 그린 다큐멘터리처럼 접근성이 뛰어난 교보재들을 개발하는 것이야말로 차별을 조장하는 편견에 맞서 싸우는 강력한 지렛대가 될 것이다. 그러나 2010년 2월 다큐멘터리《달의 키스》의 초등학교 배포 거부, 그리고 성차별과 성별 고정관념에 맞서기 위해 고안된 <평등의 ABCD 교육>프로그램의 포기(2014년)에서 알 수 있듯이 이 주제는 매우 민감하다. 동성애가 무관심 이외의 그 어떤 감정도 유발하지 않도록 하기 위해서는 갈 길이 아직 멀다. 이 여정에서 교육부는 2015-2016학년도 중등교육 기관을 대상으로 동성애 혐오 예방 캠페인을 벌였는데 이 캠페인은 한편으로는 자신의 실제 혹은 스스로 주장하는 성적 지향을 이유로 차별이나 폭력행위를 당한 희생자들과 또 한편으로는 이러한 행위의 가해자와 그 행위를 목격한 증인들에게 호소하고 있는데, 이는 교육기관이 용납해서는 안 될 상황을 변화시키는 데는 피해자와 가해자뿐만 아니라 증인들의 역할이 필수적이기 때문이다.

2016년에는 국민주권, 정교분리, 타인에 대한 존중과 차이에 대한 존중, 정치, 직업, 가족, 사회적 삶의 모든 영역에서의 남녀평등, 그리고 모든 형태의 차별에 대한 투쟁 등 민주주의의 실천을 배우고 공화국을 지탱하는 가치와 원칙을 공유할 수 있도록 학생 개개인을 위한 시민 알림장(un parcours citoyen)[98]이 배포되었다.

　　2018년 1월부터 9월까지 동성애 혐오 폭행에 대한 소송이 15%나 상승한 것으로 보아 이러한 다양한 조치들이 아직 열매를 맺지 못하고 있는 것처럼 보인다. 피해자들의 발언이 자유로워진 만큼, 대중적 논쟁을 불러오는 남녀 정치인들이 번갈아 쏟아내는 동성애 혐오 발언 또한 자유를 얻고 있다. 2018년 11월 우파단체인 <상스 코뮌Sens commun>의 회의에서 여성 커플에게 인공수정을 허락하는 것과 나치의 우생학을 연결 짓는 로랑 와퀴즈Laurent Wauquiez의 발언이나 <모두를 위한 행진 la Manif pour tous>(반동성애 정치조직-옮긴이)이 동성 가정의 아이들을 유전자 변형 아기에 비교하는 것은 타인에 대한 증오를 부추기는 발언들이다. 즉, '나와 같지 않은 사람'이므로, 시민의 권리를 가질 자격이 없다는 것이다.

　　1982년과 2018년 사이에 프랑스는 동성애라는 고통스러운 문제를 안은 '캠프'에서, 인종차별, 반유대주의 또는 성차별이 그랬던 것처럼 분열과 증오로 사회 전반에 문제를 일으키는 동성애 혐오 '캠프'로 바뀌었다. 공권력이 이러한 문제를 인식한 것은 분명하다. 비록 충분하지는 않으나 법적, 제도적 수단도 마련되었다. 동시에, 성 소수자들에게 있어 평등권 쟁취는 그들이 사회 안으로 들어갈 수 있는 강력한 요인이었으며 여전히 유효하다. 이러한 변혁을 완성하기 위해서, 아직은 충분하지 않지만, 학교는 우선적으로 더 많은 예산이 투여되어야 하는 공간이다. 하지만 그것만 필요한 것은 아니다. 스포츠 활동과 마찬가지로 문화적 접근은 차이를 수용할 수 있도록 돕는 데 필수적이다. 크리스틴 앤 더 퀸 (Christine and the Queens)과 에디 드 프레토(Eddy de Pretto)는 고전적 작업방식이 수개월, 수년에 걸쳐서 얻어낸 지평을 음악으로 열어 보이고 있다. 이렇듯 문화와 스포츠의 교육적 요소들은 오늘날 그리고 미래에 자신이 게이일지 레즈비언일지 모르는 아이들이 자기의 성적 욕망과 자신의 권리와 의무가 완벽히 무관한 사회에서, 그리고 자기의 성적 욕망이 일상 안에 그 어떤 영향도 미치지 않는 사회에서 살아갈 수 있도록 만드는 데 꼭 필요한 것들이다.

주

1 제도적 무관심: 게이와 레즈비언이 개별적으로 자신의 정체성을 창출하고 하나의 특정한 문화를 형성하도록 종교 법 의학 또는 정신 분석학 같은 규범적이고 거대한 권력 기구가 동성애 과제를 스스로 포기하는 것을 의미한다.

2 D.Borrillo et D.Collas, L'Homosexualité de Platon à Foucault. Anthologie critique, Paris, Plon, 2005.

3 C.쿠르브는 자신의 《남성 동성애 어휘사전》Payot,1895)에서 주로 남성의 동성애를 의미하는 'homophilie'이라는 용어를 동성애 'homosexualité'라는 용어로 수정했다. 반면, 1994년, L.프와베르의 게이 사전은 동성애 혐오(homophobie)에 대해 긴 항목을 할애한다. 저자는 와인버그를 인용하며 동성애 혐오의 기원을 다음과 같이 설명한다. "⟨a) 동성애자가 되는 것에 대한 두려움. 이성애자는 자신 속의 어떤 욕망을 억압하면서 이러한 억압을 수행하기 위해 혐오와 수치, 그리고 억압된 욕망에 대해 도덕성의 장벽을 세우고 그것을 동성애자에 대한 거부로 표현한다. b) 유대-기독교의 도덕은 생식과 관련이 없는 모든 종류의 쾌락에 반대하는 편견을 초래한다. c) 억압된 질투 : 이성애자는 유대인이나 마그레브인처럼 사실여부를 떠나 동성애자에게 어떤 특징을 부여한다. 예를 들면, 동성애자는 아주 손쉽게 많은 파트너에게 접근할 수 있다는 환상을 품고 있다…"

4 현상의 복잡성을 충실하게 표현하기 위해서라면 일반적인 동성애 혐오를 성소수자 공포증(LGBTQphobie) 으로 대체하는 것도 고려할만하다. 또 특정한 동성애 혐오, 즉 남성 동성애자를 향한 동성애 혐오는 '게이포비 gayphobie', 여성 동성애자의 경우에는 '레즈보포비 lesbophobie', 양성애자에 대해서는 '바이포비 biphobie', 또한 트라베

스티 혹은 트랜스젠더에 대한 적대감이라면 '트라베스티포비'나 '트랜스포비'로 칭할 수 있지만, 이러한 현상을 전체적으로 아우르는 용어로 '동성애 혐오 homophobie'를 사용할 것이다.

5 성적 지향은 성적 충동과 그것의 수행과 관련된 행위의 총합으로서 성의 한 구성요소이다. 동성에게 성적 매력을 느낀다면 이러한 성적 지향을 동성애라 부를 것이고, 다른 성에 기운다면 이성애, 그리고 파트너의 성에 개의치 않는다면 양성애가 될 것이다.

6 D.Eribon, Reflexions sur la question gay, Paris, Fayard, 1999, p. 29.

7 D.Welzer-Lang, P.Dutey et M.Dorais (dir.), La Peur de l'autre en soi. Du sexisme à l'homophobie, Montreal, VLB,1994, p.20. Voir aussi Kopelman,≪Why Discrimination Against Gay Men and Lesbians is Sex Discrimination≫,New York University, Law Review,1994.

8 유럽의 사법 당국은 1970년대까지 19세기 정신과 의사의 견해를 공유했다. 1975년 동성애 혐의로 유죄선고를 받은 독일인은 유럽인 권위원회에 제출한 탄원서에서 여성동성애자는 동성애 관계를 이유로 처벌받지 않았다는 근거로 자신에 대한 기소는 성평등 원칙에 어긋난다고 주장했다. 법원은 〈남성 동성애자들이 종종 뚜렷한 사회문화적 집단을 형성해서 청소년들에게 자극적인 선동을 이어가고 그 결과 그들이 사회적으로 고립되는 결과를 초래하기 때문에 남성 동성애에는 특정한 사회적 위험이 존재하며(...) 여성의 동성애는 청소년들에게 남성 동성애가 초래하는 성별의 젠더 문제 중 그 어느 하나라도 초래하는 것으로 볼 수 없다〉고 판결했으며 이런 근거로, 위원회는 위의 기소에 차별이 없다고 결론짓는다 (1975년 9월 30일).

9 H.Ellis,≪Sexual Inversion in Women≫,Alienist and Neurologist, 16, 1895.

10 Psychogenese d'un cas d'homosexualite feminine,1920.

11 "이러한 생략은 충격적인 사실'이다. '누군가를 명명하지 않는 것은 어떤 식으로든 피험자의 지위를 부정하는 것이다. 이것은 거리두기, 탈 인격화, 물신화를 초래하며, 이것은 어쩌면 정신분석가들이 레즈비언 문제에 접근할 때 겪는 만연한 어려움을 나타내는 첫 번째 지표일 것이다."(N'Connor and J.Ryan), Wild Desires and Mistaken Identities. 레즈비언과 정신분석학, 런던, Virago Press,1993.

12 W.L.Howard, ≪Effeminate Men and Masculine Women≫, New York Medecine Journal, 71, 1900, p. 687.

13 Ch.Bard (dir.), Un siecle d'antifeminisme, Paris, Fayard, 1999 (≪ Pour une histoire des antifeminismes≫, p.28).

14 P.Bourdieu, La Domination masculine, Paris, Seuil,1998, p.73.

15 P.A.Taguieff, La Force du prejuge. Essai sur le racisme et ses doubles, Paris, Gallimard,1990. Ainsi que Le Racisme, Paris, Flammarion, ≪Dominos≫,1997.

16 E.Fassin은 동성애 혐오와 이성애 주의 사이의 구분을 정립했는데 전자는 심리적 발현으로, 후자는 섹슈얼리티의 불평등 이데올로기로 간주한다. ≪Le outing de l'homophobie est-il de bonne politique? Definition et denonciation≫, in D. Borrillo et P. Lascoumes (dir.), L'homophobie, comment la definir, comment la combattre? Pars, ProChoix,1999. 같은 시각에서 I.뎀주크는 '동성애 혐오'라는 용어보다는 '이성애 주의'라는 용어를 선호한다. 저자에 따르면, "동성애 혐오는 동성애자, 그리고 더 넓게는 외모나 행동이 여성성이나 남성성의 규범에서 벗어나는 사람을 향해 표출되는 두려움의 감정을 가리킨다. 반면 이성애 주의의 개념은 차이를 강박적으로 해명하는 심리구조이며, 심지어 자신 속의 타자에 대한 두려움에서 벗어나는 것이다. 이는 동성애자를 향한 경멸적이고 증오에 찬 태도와 신념을 생산하고 지탱하는 사회적 관계와 구조를 강조한다." (차별에

150

직면한 레즈비언들을 인정할 권리, op. cit.,p.10)

17   예를 들어, Armand Laferrére(ENA 출신의 고급관료, 회계감사원의 선임감사관)에 따르면 "PACS (시민연대계약)에 결혼과 마찬가지로 보조금을 지원함으로써 법이 사회를 유지하고 아동의 교육을 위해 안정적인 틀을 만드는 결혼 맹세보다, 수완 좋은 로비가 중요하다는 것을 인정하고 말았다."(≪Le PACS et la question homosexuelle≫, Commentaire, no 88, hiver,1999-2000, p. 919). 최근에는, 하원의원 Agnés Thill(LREM, 전진하는 공화국)은 '국회에서의 강력한 성 소수자 로비'를 강하게 규탄했다.

18   Voir notamment l'article de C.G.Seligmann, ≪Sexual Inversion among Primitive Races≫, Alienist and Neurologist, 23, 1902.

19   결혼 금지법의 적용을 정당화하기 위해 1966년 버지니아 주 법원은 "전능하신 신은 백색, 흑색, 황색, 말레이, 아메리카 원주민 인종을 만들어 별도의 대륙에 두셨다. 신이 인종을 분리했다는 사실은 신이 인종을 섞을 의도가 없었음을 보여준다"고 판결했다. 1967년 연방대법원은 이 법이 미국 헌법에 위배 된다고 판단했다. 26년 후, 하와이주 대법원은 '베어 대 르윈Baehr v. Lewin'사건에서 동성 커플의 결혼 권리를 거부하는 것은 헌법에 반하는 차별에 해당한다고 판결했다. 동성결혼이 모든 남녀에게 적용되지 않기 때문에 차별이 아니라는 주장에 대해서 하와이 법원은 인종 문제에 대한 같은 주장이 대법원에서 기각됐다고 반박했다. 사실, 이 결정 전까지 흑인은 백인 여성과 흑인 여성은 백인 남성과 결혼할 수 없었다. (D.Borrillo, ≪Le mariage homosexuel : hommage de l'heresie a l'orthodoxie≫, in La sexualite at-elle un avenir?, Paris, Puf, ≪Forum Diderot≫, mars 1999, p.39-54).

20   Boswell, Christianisme, tolerance sociale et homosexualite. Les homosexuels en Europe occidentale, des debuts de l'ere chretienne au

xive siecle, Paris, Gallimard,1985, p.37-38.

21 380년에 로마 제국의 공식 종교가 되었을 때.

22 ≪Unpacking Hetero-Patriarchy : Tracing the Conflation of Sex, Gender & Sexual Orientation to Its Origins≫, Yale Journal of Law & Humanities, vol. 8 : 161, 1996.

23 M.Foucault, Les Anormaux. Cours au College de France (1974-1975),Paris, Gallimard, Seuil,1999.

24 I Samuel 18, 20 :41 ; II Samuel 1 :23, 1 :26.

25 〈룻이 이르되, 나보고 어머니를 떠나며 어머니를 따르지 말고 돌아가라고 강권하지 마소서. 어머니께서 가시는 곳에 나도 가고 어머니께서 머무시는 곳에 나도 머물겠나이다. 어머니의 백성이 내 백성이 되고 어머니의 하나님이 내 하나님이 되시리니 어머니께서 죽는 곳에서 나도 죽어 거기 묻힐 것이니 만일 죽는 일 외에 어떤 다른 것이 나와 어머니를 갈라놓으면 하나님께서 내게 벌을 내리시고 또 내리시기를 원하나이다.〉(룻기 1 :16, 17)

26 〈그때 주의 제자 가운데 한 사람, 곧 예수께서 사랑하시던 자가 예수의 품에 기대어 있더라.〉(요한 23장 23절) 참고 : R.J. Frontain, ≪Reclaiming the Sacred. The Bible in Gay and Lesbian Culture≫, Journal of Homosexuality, vol. 33 (3/4),1997.

27 Luciani Samosatensis, Opera, Erotes (Amores), XXXVIII, 51, Paris,Didot, 1867, p.403.

28 동성애 관계에서 소극적인 역할을 계속 맡는 성인 남자는 조롱의 대상이 되었다.

29 동성애자에 대한 최초의 법은 342년 콘스탄스 2세에 의해 제정되었다. 그러나 유스티니아누스 황제의 신칙법칙 77과 114는 기독교 신학에 근거한 최초의 형사 유죄판결을 보여주고 있다.

30 Bowers v. Hardwick, 106 US 2841, 1986.

31 예루살렘 성경의 번역은 '비역하는 자들sodomites' 대신'
homosexuels 동성애자들'이라는 용어를 사용하고 교회 일치주의
번역본(1975~1976년에 가톨릭과 개신교에 의해 처음 만들어진 프
랑스의 에큐메니칼 성경 번역본-옮긴이)은 '남색, 소년애 도착자
pédérastes' 라는 용어를 선호한다는 점에 주목해야 한다. 몇몇 다른
버전에서는 '여성스러운 남자efféminés' 라는 용어가 '비역하는 자들
sodomites' 또는 '남색, 소년애 도착자pédérastes'라는 용어에 앞서 나
타난다.

32 콜린 스펜서(Colin Spencer)가 쓴 것처럼 아우구스티누스는 한
남자를 열렬히 사랑하며 그의 죽음에 깊은 애도를 표했다. "우리
의 두 영혼은 두 몸 안에 하나가 된 것 같았고, 그리하여 나는 반
쪽의 삶을 살고 싶지 않았기에 내 삶은 끔찍해졌다."(Histoire de
l'homosexualite de l'Antiquite a nos jours, Paris, Le Pre aux Clercs,
1998, pour la traduction francaise).

33 F. Leroy-Forgeot, Histoire juridique de l'homosexualite, Paris,
Puf, ≪Medecine et societe≫, 1997, p. 26. 그러나 앙카라 공의회는
남색이 아닌 수간을 금지했다는 것에 주목할 필요가 있다. 이는 사
후 해석에 있어 그리스어의 오역으로 인해 남색 행위로까지 처벌이
확대된 것이다.

34 Somme theologique, II a II ae, q. 153, a. 2.

35 해방 이후 1974년까지는 동성애를 범죄행위로 규정했다. 1974년
7월 5일 법률 제15조에 의해 미성년자의 정의에서 21세의 기준이 삭
제되고 성년의 나이를 18세로 규정하면서 형사법이 한 차례 수정되
었다. 1980년 12월 23일 법은 15세 미만의 미성년자에게 행해진 모든
행위는 폭력이 없더라도 강제추행으로 규정하고 있다. 그런데 15세
에서 18세 사이의 미성년자의 행위와 관련해서 그들의 동의가 있더
라도 동성애를 기소하는 차별이 남아 있었다. 1982년 8월 4일, 형법

제331조 제2항을 폐지한 법률 제82-683호는 동성애에 대한 형법적 차별을 종식시켰다.

36 〈동성애 행위를 금지하는 것은 그 뿌리가 깊다[...] 그러한 관습의 규제는 전통적인 유대기독교 도덕과 윤리적 기준에 확고한 뿌리를 두고 있다[...] 레위기와 로마서에 호소하는 청원자들은[...] 유대기독교인들의 전통적 가치는 그와 관련된 행위를 금하고 있다고 주장한다.〉 (Bowers v. Hardwick, 106 US 2841, 1986). 2003년 미국 대법원은 로렌스 대 텍사스 소송에서 동성애 처벌은 미국 헌법에 위배된다고 밝혔다.

37 C.Brunetti-Pons (dir.), La Notion juridique de couple, Paris, Economica,1998. 법률가들이 제기한 논쟁에 대한 비판으로는 다음을 참조. D.Borrillo, ≪Fantasmes de la doctrine vs Ratio Juris≫, in D. Borrillo, E. Fassin, M. Iacub, Au-dela du PACS, op. cit.

38 프란치스코 교황의 재위 이후 상황은 조금 나아진 듯 보인다. 이에 교황은 2014년 바티칸에서 동성애자 로비의 존재를 묻는 기자의 질문에 "만약 한 사람이 동성애자이고 선의로 주님을 찾는다면, 내가 누구를 심판할 것인가"라고 반문했다. 그러나 2018년 교황은 동성애를 보이는 아이들의 사례를 언급하며 부모들에게 정신의학의 사용을 권고했다. 교황은 최근 발간된 인터뷰 책에서 2005년 브느와 16세가 발표한 금지령을 상기하며 "교회에 동성애를 위한 자리는 없다"고 강조했다.

39 Document romain de 1976 sur quelques questions d'ethique sexuelle cite par la Nouvelle Encyclopedie catholique Theo, Paris, Droguet-Ardant/ Fayard, 1989, p.823.

40 이슬람 인구가 대부분인 국가들 중 거의 모든 국가에서 동성애는 최대 10년의 징역형에 해당하는 범죄로 간주 된다. 또한 모리타니, 수단, 나이지리아, 소말리아, 사우디아라비아, 예멘, 이란 등 7개

국에서는 사형에 처할 수 있다.

41 프랑스에서는 1998년 알제리 트랜스젠더에게 성 정체성에 따른 망명이 최초로 허가되었고, 2년 후에는 이란 게이에게도 허가되었다.

42 동성애자인 울리치는 남성의 몸 안에 여성의 영혼을 만들어내는 유전적 이상에 의해 표출된 동성애를 언급하기 위해 남성 동성애(uranisme)라는 용어를 일반화하며 누마 누멘티우스라는 가명으로 수많은 논문을 발표했다. 나중에 칼 웹스달은 동성애자를 포함한 〈제3의 성〉의 존재를 주장하기 위해 울리치의 논문을 인용한다.

43 J.C.Feray에 의하면 독일계 헝가리 작가 케르트베니가 'Homosexualität'라는 단어를 처음 사용했다. (Actes du Colloque 〈Homosexualité et lesbianisme〉, Cahier Gay-Kitsch-Camp, Lille, s. d.,p.24).

44 정신병 전문의인 베를리옹 박사는 "좋은 이성애자가 되고 이성애자의 매력을 경험하기 위한 첫 번째 조건이 좋은 후각을 갖는 것이라면, 그 반대의 상태는 분명히 동성애 성향이 있다. 남성의 경우, 생식본능의 편차는 후각과 미각의 둔화에서 시작되며, 여성의 경우 변칙적인 성적 끌림은 동일한 감각의 증폭에 일차적인 원인이 있다. 동성애는 그러므로 둘 중 하나의 성으로 전도된 감각일 뿐이다. 이 개념에 따라 동성애 치료에서 후각적 감각에 대한 재교육을 치료의 기초로 삼는다는 공식적인 지침이 유래한다".Le traitement psychologique de l'homosexualité basé sur la rééducation sensorielle, Revue de l'hypnotisme, 23e année, 1909, p.46)

45 1903년 프로이트는 Die Zeit 신문에서 동성애 행위로 법원에 기소된 남자를 공개적으로 옹호했다. 1935년 그는 아들을 위해 조언을 구하는 어느 어머니에게 다음과 같은 내용의 편지를 쓴다. "당신의 편지를 읽고 당신의 아들이 동성애자라는 것을 알게 되었습니다. 동

성애는 분명 장점이 아닙니다. 하지만 수치스러워해야 할 것은 아무 것도 없습니다. 그것은 악도 아니고 타락도 아니며, 우리는 그것을 질병으로 규정할 수도 없습니다. 우리는 그것을 성 발달의 어떤 정체로 야기된 성 기능의 변이로 간주하고 있습니다."

46 ≪Le Transfert≫, vol. VIII du Séminaire, p.42-43. 정신분석적 동성애 공포증에 대해서는 D.에리본의 기사를 참조. 동성애의 거울에 비친 정신분석학자들의 무의식. 정신분석학의 규범적 토대에 대한 비판을 예고하는 몇 개의 노트, 브뤼셀 자유 대학 리뷰, 정신분석 특별 호, 1999. 같은 저자 참조: 〈정신분석에서 탈출하라〉 Paris, Léo Scheer, 2005.

47 R.Stoller, L'Imagination erotique, Paris, Puf, 1989, p. 35.

48 진단 통계 매뉴얼(DSM)이 동성애를 정신 질환에서 삭제한 것은 동성애 행위를 탈 의료화하는 첫 번째 단계였다. 그러나 1987년 자아 이질적 동성애(자신의 동성애 성향을 불완전하게 겪고 있는 사람의 동성애적 성향을 병리학적으로 분류할 수 있는 질병 분류의 한 형식) 또한 리스트에서 사라질 때 탈 의료화의 과정이 완수될 것이다.

49 T.아나트렐라는 15명의 환자에 대한 성적 학대 의혹으로 정부나 종교기관에의 참가, 치료 활동, 공적 관여가 금지되었다. La Croix du 4 juillet 2018.

50 성별 인지 구조에 대한 더 깊이 있는 분석은 D. H. Zimmerman, Ethnomethodology, American Sociologist, 13 : 6-15,1978. 참조.

51 Doing Difference,Gender&Society, vol. 9,I,fevrier 1995,8-37.

52 ≪Fonction de juger et nouveaux aspects de la vie privee :la notion de pleine reconnaissance≫,in D. Borrillo,Homosexualites et droit,Paris,Puf,2e ed.,1999, p.64.

53 러시아 혁명 전 차르 시대의 동성애 혐오는 더 폭력적이었다. 남성 동성애는 심각한 범죄였고, 1832년 형법 995조는 남성 간의 성관

계muzhelozhstvo를 금지했으며, 이를 실행한 사람들은 시민권을 박탈당하여 4~5년 동안 시베리아로 보내졌다. N. Miller, Out of the Past, Gay and Lesbien History from 1869 to the Present, New York, Vintage,1995, p.201.

54 S.Karlinsky, ≪Russia's Gay Litterature and Culture : The Impact of the October Revolution≫, in Hidden from History, Reclaiming the Gay and Lesbian Past, New York, Penguin Books,1989.

55 A.Hitler, Mein Kampf (trad. franc. 1934), cite par J. Boisson, Le Triangle rose, la deportation des homosexuels (1933-1945), Paris, Laffont,1988, p.31.

56 1935년 9월 독일 혈통과 독일의 명예 보호에 관한 법률은 유대인과 비유대인 사이의 성관계를 금지했다.

57 Les Hommes au triangle rose. Journal d'un déporté homosexuel (1939-945), Persona (trad. franc. 1981).

58 250만 명의 인구를 가진 베를린에는 세기말까지 40개의 게이 술집과 320개의 동성애 출판물이 있었다. 참고 R. Norton, ≪One Day They Were Simply Gone≫, The Nazi Persecution of Homosexuals

59 1934년 6월 30일, 동성애자로 알려진 에른스트 룀을 포함해 200명이 살해당했다. 다음날, 나치 보도국은 공식성명으로 이 상황을 알렸다. "…이 나치 돌격대 지도자 중 일부는 자신들을 '섹스 상대'로 제공했다…. 총통은 이 페스트를 예외 없이 제거하라고 명령했다. 그는 미래에 수백만 명의 정직한 사람들이 비정상적인 존재들에 의해 괴롭힘을 당하고 평판이 위태로워지는 것을 허용하지 않을 것이다."(Boisson, Le Triangle rose, la deportation des homosexuels [1933-1945], op. cit., p.76).

60 E.Haeberle, ≪Swastika, Pink Triangle and Yellow Star≫, op. cit. Voir surtout l'excellent ouvrage de Gunter Grau et Claudia

Shoppmann, Hidden Holocaust? Gay and Lesbian Persecution in Germany 1933-1945, Routledge,1995.

61 F.Rector, The Nazi Extermination of Homosexuals, New York, Stein and Day,1981.

62 Moi, Pierre Seel deporte homosexuel, Paris, Calmann-Levy, 1994.

63 Heinz Heger, Les Hommes au triangle rose, op. cit., p. 159-160.

64 각각의 희생자들은 자신의 색깔을 가지고 있었다. 남성 동성애자는 분홍색, 유대인은 노란색, 정치인은 빨간색, 비사회적인 사람과 레즈비언은 검은색, 여호와의 증인은 보라색, 이민자는 파란색, 집시는 갈색.

65 F.Rector, The Nazi Extermination of Homosexuals, op. cit., p. 110. 〈미국에 거주할 수 있는 권리를 부여받은 사람들의 경우, 만약 동성애가 나중에 발견된다면 추방될 수 있다.〉(1967년 미국 대법원 확정) voir E. Haeberle, ≪Swastika, Pink Triangle and Yellow Star≫, op. cit., p.378-379.

66 M.E. Kite, ≪Sex Differences in Attitudes toward Homosexuals :A Meta-analytic Review≫, Journal of Homosexuality, vol. 10, 1984, p.69-81.

67 E. Badinter, XY de l'identite masculine, Paris, Odile Jacob, 1992, p. 149. D. Welzer-Lang et Ch. Zaouche Gaudron, Masculinites : etat des lieux, Toulouse, Eres, 2011

68 ≪L'homophobie masculine: preservatif psychique de la virilite?≫, in Welzer-Lang, Dutey et Dorais, La Peur de l'autre en soi, op. cit., p. 219.

69 M.Ferrand, ≪Rapports sociaux de sexe: effets et questions epistemologiques≫, in Crise de la societe feministe et changement,

Groupe d'etudes feministes de l'Universite de Paris VII, Revue d'en face, edition tierce, mars 1991.

70   T.Anatrella, Le Sexe oublie, Paris, Flammarion, 1990, p.131-134.

71   T.J. Ficarrotto, ≪Racism, Sexism and Erotophobia : Attitudes of Heterosexuals towards Homosexuals≫, Journal of Homosexuality, vol. 19 (1), 1990.

72   G.Whitehead et S. Metzger, ≪Helping Behavior in Urban and Nonurban Settings≫, Journal of Social Psychology, 114, 1981, 295-296.

73   자신을 동성애 혐오자라 여기는 사람 중 단지 일부만이 공포증 체감 테스트에서 신체적 반응을 보였다. 참고. S. Shields et R. Harriman, ≪Fear of Male Homosexuality : Cardiac Reponses of Low and High Homonegative Males≫, Journal of Homosexuality, vol. 10 (1-2),1984.

74   게이 청소년들의 44%가 학교 동료들로부터, 14%는 가족의 구성원으로부터 동성애 혐오 폭력을 당했다. (A. Mason et A. Palmer, Queer Bashing, Londres, Stonewall, 1996, p.29).

75   영화 〈콜 마이 유어 네임〉 혹은 프랑스 tv시리즈 〈Plus belle la vie〉 〈연예인 매니저로 살아남기〉와 〈The L Word〉등을 꼽을 수 있다.

76   타인의 차이를 수용하지 못하는 것이 언제나 적대감으로 나타나지는 않는다. 그것은 때때로 차이를 인정하고 긍정하는 상반된 형태를 취할 수 있지만, 그 목적은 변하지 않는다. 다르다고 지명된 사람을 일반법에서 배제하는 것이다. 따라서 차이의 부정이나 맹목적인 긍정은 같은 배제 논리에 속한다. 동성애 원인을 규명하는 연구에서 가장 생물학적 형태를 대표하는 동성애 유전자 논쟁과 동성애적 차이에 대한 본질주의적 해석은 어느 구성원도 벗어날 수 없는 그 집

단의 특수성이라는 관념을 강화한다.

77 이 작업은 동성 관계를 허용하는 이교도적 관행을 비난하는 유대-기독교 시대의 출현으로 시작되었다. 그들을 구분하기 위해 동성 간의 관계를 갖는 사람들에게 낙인을 찍었다. 참고. F.Leroy-Forgeot et C. Mecary, Le Couple homosexuel et le Droit, Paris, Odile Jacob, 2001, p.39 et suivantes.

78 Loi no 85-772 du 25 juillet 1985.

79 〈1. 범죄로 30년의 징역에 처벌되는 경우 무기징역을 선고한다. 2. 범죄가 20년의 징역에 처벌되는 경우 30년의 징역을 선고한다. 3. 범죄가 15년의 징역으로 처벌되는 경우, 20년의 징역을 선고한다. 4. 범죄가 10년 금고형에 처벌되는 경우 15년의 징역형을 선고한다. 5. 범죄가 7년의 금고형으로 처벌되는 경우 10년의 금고형을 선고한다. 6. 범죄로 5년의 금고형에 처할 때 7년의 금고형을 선고한다. 7. 범죄를 3년 이하의 금고형에 처할 때 2배를 선고한다. 이 조항은 다음 각 조항의 범죄에는 적용되지 않는다. 1881년 7월 29일에 발효된 언론자유법 제32조 제3항 및 제33조 제4항, 제24조 8항이나 현재의 형사법 제222조 제13항, 제33항, 225조 제1항, 그리고 제432조 7항. 그리고 범죄가 피해자의 배우자, 동거인 또는 시민 연대 협약으로 맺어진 파트너에 의해 행해진 사유로 이미 가중처벌되었거나 결혼이나 사실혼을 강요하기 위해 또는 결혼이나 사실혼에 대한 거부를 이유로 상대에게 행해진 행위〉.

80 1881년 7월 29일의 법에 따라 법률 제33조 제4항은 모욕죄에 대해 22,500유로의 벌금과 6개월의 금고형(구금 대신 12,000유로)을 규정하고 있다.

81 1881년 7월 29일의 법에 따라 법률 제32조 제3항은 명예훼손에 대해 45,000유로의 벌금과 1년의 금고형(구금 대신 12,000유로)을 규정하고 있다.

82 형법 제225조 제1항부터 제225조 제1-2항으로 정의된 차별이 자연인 또는 법인에 행해지면 3년의 징역과 45,000유로의 벌금에 처한다.

1. 재화나 용역의 제공 거부. 2. 경제활동의 정상적인 행사 방해.

3. 개인의 고용 거부, 제재 또는 해고. 4. 제225조 제1항 또는 제225조 제1-1항 제1-2항의 규정에 언급된 요소 중 하나에 근거한 조건으로 재화나 용역의 제공을 종속시키는 행위. 5. 제225조 제1항 또는 제225조 제1-1항 또는 제225조 제1-2항에 규정된 조건에 따라 고용 제안, 인턴십 신청 또는 교육 기간을 종속시키는 행위. 6. 사회보장법 제412조 제8항 제2호(2 de l'article L. 412-8)에 언급된 인턴십 중 하나에 참여하려는 개인을 거부하는 행위.제1항에 따른 차별적 거절이 공공장소에서 벌어지거나 혹은 공공장소의 접근을 금지하기 위한 목적으로 행해진 경우, 처벌은 5년 징역과 75,000유로의 벌금에 처한다.

83 형법 제432조 제7항은 다음과 같이 규정하고 있다. 〈제225조 제1항 및 제225조 제1항 제1항에 정의된 차별은 공공기관의 수탁자 또는 공공서비스 업무를 수행하는 자가 직무 또는 임무를 수행하는 과정 혹은 그 수행을 목적으로 다음과 같이 자연인 또는 법인에 행한 차별은 5년의 징역과 75,000유로의 벌금에 처한다: 1. 법률에 따라 부여된 권리 행사의 거부. 2. 경제활동의 정상적인 행사 방해〉.

84 2017년 4월 20일 샹젤리제에서 살해된 자비에 주젤레(Javier Jugelé)가 소속된 내무부의 동성애자와 레즈비언 단체인 플래그 어소(Flag Asso)의 작업에 주목해야 한다. http://disc-assofr.

85 https://www.defenseurdesdroits.fr

86 https://www.gouvernement.fr/dilcrah

87 https://www.sos-homophobie.org

88 내무부는 2017년 10월 동성애 혐오 행위에 대한 연례 보고서를

처음 발표했다. 대표적인 예로, 2011년 1월 28일, 크레테이 법원은 사망한 브루노 빌(Bruno Wiel)의 가해자 4명에게 16년에서 20년의 징역형을 선고했다.

90 SOS 호모포비아 협회와 PSG 축구 클럽은 2007년 2월 5일 supporters-de-marseille.com 웹사이트에 〈PDSG〉라는 문구가 새겨진 티셔츠의 판매 중단을 요구하는 소송을 파리 고등법원에 제기했다. 관할 법원에 따르면 "빈센트 Q는 '반 PSG'라는 유니폼을 출시하면서 Anal+rectum(항문+직장)이라는 문구를 기재함으로써 PDSG 의미를 분명하게 밝혔다. 이러한 표현은 '동성애'라는 단어를 포함한 모욕에 해당한다. 일부 서포터들의 비도덕적 행위는 동성애자 집단과 파리 생제르맹 축구 클럽의 이미지를 훼손했다."

91 http://www.ravad.org

92 http://www.assomousse.org

93 https://www.stophomophobie.com

94 http://www.adheos.org

95 https://www.le-refuge.org

96 http://www.lesdegommeuses.org

97 https://www.ligneazur.org

98 http://www.education.gouv.fr/pid285/bulletin_officiel.html?cid_bo=103533

참고문헌 BIBLIOGRAPHIE

-Aguero J., Bloch L. et Byrne D., ≪The Relationships among Sexual Beliefs, Attitudes, Experience and Homophobia≫, Journal of Homosexuality,vol. 10 (1-2), The Haworth Press, NY, 1984.

-Birken L., ≪Homosexuality and Totalitarism≫, Journal of Homosexuality,vol. 33 (1), 1997.

-Black K. et Stevenson M., ≪The Relationship of Self-Reported Sex-Role Characteristics and Attitudes towards Homosexuality≫, Journal of Homosexuality, vol. 10 (1-2), 1984.

-Blumenfeld W. J. (ed.), Homophobia. How we all pay the Price, Boston,Beacon Press, 1992.

-Borrillo D. (dir.), Homosexualites et droit, Paris, Puf, 2e ed., 1999.

-Borrillo D., ≪Fantasmes des juristes vs Ratio Juris : la doxa des privatistes sur l'union entre personnes de meme sexe≫, in D. Borrillo, E. Fassin et M. Iacub (dir.), Au-dela du PACS. L'expertise familiale a l'epreuve de l'homosexualite, Paris, Puf, ≪Politique d'aujourd'hui≫, 1999.

-Borrillo D. et Colas D., L'Homosexualite de Platon a Foucault. Anthologie critique, Paris, Plon, 2005.

-Borrillo D. et Lascoumes P. (dir.), L'homophobie, comment la definir,comment la combattre ?, Paris, ProChoix, 1999.

-Borrillo D. et Lascoumes P.,Amours egales? Le PACS, les homosexuels et la gauche, Paris, La Decouverte, ≪Sur le vif≫, 2001.

-Boswell J., Christianisme, tolerance sociale et homosexualite. Les homosexuels en Europe occidentale, des debuts de l'ere chretienne au xive siecle, Paris, Gallimard, 1985.

-Bourdieu P., La Domination masculine, Paris, Seuil, 1998.

-Brustier G., Le Mai 68 conservateur. Que restera-t-il de la Manif pour

tous ?, Paris, Cerf, 2014.

-Chamberland L. et Lebreton C., ≪Reflexions autour de la notion d'homophobie : succes politique, malaises conceptuels et application empirique

≫, Nouvelles Questions feministes, vol. 31, no 1, 2012, p. 27-43.

-Chauncey G. Jr., ≪De la inversion sexual a la homosexualidad: la medicina y la evolucion de la conceptualizacion de la desviacion de La mujer≫, in G. -Steiner et R. Boyers, Homosexualidad : literatura y politica, Madrid, Alianza Editorial, 1985 (trad. anglaise : Homosexuality: Sacrilege, Vision, Politics, Skidmore College, 1982).

-Comstock G. D., Violence against Lesbians and Gay Men, New York, Columbia University Press, 1991.

-Crompton L., Byron and Greek Love. Homophobia in 19th Century England, Berkley et Los Angeles, University of California Press, 1986.

-De Cecco J. P., ≪Homophobia : An Overview≫, Journal of Homosexuality,

vol. 10 (1-2), 1984.

-Desfosse B., Dhellemmes H., Fraisse Ch., Raymond A., Pour en finir avec Christine Boutin, aspects moraux, juridiques et psychologiques du rejet des homosexuels, H&O Editions, 1999.

-Dorais M., ≪La recherche des causes de l'homosexualite : une sciencefiction?≫, in D. Welzer-Lang, P. Dutey et M. Dorais (dir.), ·

La Peur de l'autre en soi. Du sexisme à l'homophobie, Montreal, VLB Editeur, 1994.

_, Eloge de la diversite sexuelle, Montreal, VLB Editeur, 1999.

_, Mort ou vif, la face cachee du suicide chez les garcons, Montreal, VLB Editeur, 2001.

−Dutey P., ≪Des mots aux maux…≫, in D. Welzer−Lang, P. Dutey et M. Dorais (dir.), La Peur de l'autre en soi. Du sexisme à l'homophobie,Montreal, VLB, 1994.

−Eribon D., Reflexions sur la question gay, Paris, Fayard, 1999.

_, Une morale du minoritaire. Variations sur un theme de Jean Genet,

Paris, Fayard, 2001 (voir son chapitre sur l'homophobie de Lacan).

_, Dictionnaire des cultures gays et lesbiennes, Paris, Larousse, 2003.

−Fassin E., L'Inversion de la question homosexuelle, Paris, Amsterdam, 2008.

−Fejes F. et Petrick K., ≪Lnvisibility, Homophobia & Heterosexism. Lesbians, Gays and the Media≫, Critical Studies in Mass Communication, vol. 10 (4), 1993.

−Foucault M., Histoire de la sexualite (3 vol.), Paris, Gallimard, ≪Tel≫,1976−1984.

−Fourest C. et Venner F., Les Anti−PACS ou la Derniere Croisade homophobe, Paris, ProChoix, 1999.

−Freedman A., ≪Feminist Legal Method in Action : Challenging Racism, Sexism and Homophobia in Law School≫, Georgia Law Review, vol. 24, 1990.

−Fyfe B., ≪Homophobia or Homosexual Bias Reconsidered≫, Archives of Sexual Behavior, vol. 12 (6), 1983.

-Geller W., ≪Homophobia : How we all pay the Price≫, Journal of College Student Developpment, vol. 35 (6), 1994.

-Gentaz Ch., ≪L'homophobie masculine : preservatif psychique de la virilite ?≫, in D. Welzer-Lang, P. Dutey et M. Dorais (dir.), La Peur de l'autre en soi. Du sexisme a l'homophobie, Montreal, VLB, 1994.

-Gerard R., ≪Lesbophobie≫, in Tin Louis-Georges (ed.), Dictionnaire de l'homophobie, Paris, Puf, ≪Grands dictionnaires ≫, 2003, p. 262-264.

-Goffman E., ≪Stigmate≫, Les Usages sociaux des handicaps, Paris, Minuit,1975.

-Guillemaut F., ≪Images invisibles : les lesbiennes≫, in D. Welzer-Lang, P. Dutey et M. Dorais (dir.), La Peur de l'autre en soi. Du sexisme à lhomophobie, Montreal, VLB, 1994.

-Gramick J., ≪Homophobia : A new Challenge≫, Social Work, vol. 28 (2), 1983.

-Grau G., Hidden Holocaust ? Gay and Lesbian Persecution in Germany 1933-1945, Chicago, Londres, Fritzroy Dearborn, 1995 (pour la version anglaise).

-Halperin D., Saint Foucault (trad. D. Eribon), EPEL, Paris, 2000.
Herek G. M., Sitgma and Sexual Orientation. Understanding Prejudice against Lesbians, Gay Men and Bisexuals, Londres, Sages Publications,1998.

_, ≪Homophobia≫, in M. Duynes (dir.), Encyclopedia of homosexuality,New York, vol. I, p. 552.

_, ≪Stigma, Prejudice and Violence against Lesbian and Gay Men≫, in J. Gonsiorek et J. Weinrich (ed.), Homosexuality : Social, Psychological and Biological Issues, Newbury Park, California, 2e ed.,

1991.

_, ≪Hates Crimes against Lesbian and Gay Men : Issues for Research and Policy≫, American Psychologist, 44, 1989, p. 948-955.

-Johnson M. E., Brems Ch. et Alford-Keating P., ≪Personnality Correlates of Homophobia≫, Journal of Homosexuality, vol. 34 (1), 1997.

-Kite M. E., ≪Sex Differences in Attitudes towards Homosexuals : A Meta-Analytic Review≫, Journal of Homosexuality, vol. 10 (1-2), 1984.

-Kuyper E., ≪The Freudian Construction of Sexuality : The Gay Foundations of Heterosexuality and Straight Homophobia≫, Journal of Homosexuality, vol. 24 (3-4), 1993.

-Lever M., Les Buchers de Sodome, Paris, Seuil, UGE, ≪10/18≫, 1996.

-Lewes K., ≪Homophobia and the Heterosexual Fear of AIDS≫, American Imago, vol. 49, no 3, The John Hopkins University Press, 1992.

-Lyne R., ≪Homophobia among Doctors≫, British Medical Journal, vol. 308, 26 fevrier 1994, p. 586-587.

-MacDonald A. P. Jr, ≪Homophobia : Its Roots and Meaning≫, Homosexual Counseling Journal, 3, 1976, p. 23-33.

-Malyon A., ≪Psychotherapeutic Implications of Internalized in Gay Men≫, Journal of Homosexuality, vol. 7 (2-3), 1981-1982.

-Martin C. V., ≪Treatment of Homophobia≫, Corrective and Social Psychiatry and Journal of Behavior Technology Methods and Therapy, vol. 29 (3), 1983.

-Mecary C., Droit et homosexualite, Paris, Dalloz, ≪Etat de droits ≫,

2000._ L'Amour et la Loi, Paris, Alma Editeur, 2012.

−Mecary C. et La Pradelle G. de, Les Droits des homosexuel/les, Paris, Puf, ≪Que sais−je?≫, 3e ed., 2003.

−Monroe M. et Baker R., ≪The Relationship of Homophobia to Intimacy in Heterosexual Men≫, Journal of Homosexuality, vol. 33 (2), 1997.

−Morin S. et Garfinkle E., ≪Male Homophobia≫, Journal of Social Issues, 34 (1), 1978, p. 29−47.

−Odonohue W., ≪Homophobia Conceptual Definitional≫, Journal of Psychopatology and Behavioral Assessment, vol. 15 (3), 1993.

−Orzek A. M., ≪The Lesbian Victim of Sexual Assault : Special Considerations for the Mental Health Professional≫, Women and Therapy,8 (1/2), 1988, p. 107−117.

−Peraldi F., ≪Heterosexual Presumption≫, American Inapo, vol. 49 (3),1992.

−Price J. et Dalecki M., ≪The Social Basis of Homophobia : An Empirical Illustration≫, Sociological Spectrum, vol. 18 (2), avril−juin 1998.

−Rege S., ≪Homophobia in the Name of Marxism≫, Economic and Political Weekly, vol. 31 (22), 1996.

−Ryan B. et Frappier J.−Y., ≪Quand l'autre en soi grandit : les difficultes à vivre l'homosexualite à l'adolescence≫, in D. Welzer−Lang,

−P. Dutey et M. Dorais (dir.), La Peur de l' autre en soi. Du sexisme à l'homophobie, Montreal, VLB, 1994.

−Serdahely W. et Ziemba G., ≪Changing Homophobic Attitudes through College Sexuality Education≫, Journal of Homosexuality, vol. 10 (1-2), 1984.

-Shields S. et Harriman R., ≪Fear of Male Homosexuality : Cardiac Responses of Low and High Homonegative Males≫, Journal of Homosexuality, vol. 10 (1-2), 1984.

-Simon B., Glassner-Bayerl B. et Stratenwerth I., ≪Stereotyping and Self-Stereotyping in a Natural Intergroup Context : The Case of Heterosexual and Homosexual Men≫, Social Psychology Quarterly, vol. 54, no 3, 1991, p. 252-266.

-Smith K., ≪Homophobia: A Tentative Personality Profile≫, Psychological Reports, 29, 1971, p. 1091-1094.

-Tamagne F., Histoire de l'homosexualite en Europe 1919-939, Berlin, Londres, Paris, Seuil, 2000.

-Tin L.-G. (dir.), Dictionnaire de l'homophobie, Paris, Puf, 2003.

-Valdes F., ≪Unpacking Hetero-Patriarchy : Tracing the Conflation of Sex, Gender and Sexual Orientation to its Origins≫, Yale Journal of Law and Humanities, vol. 8 : 161, 1996.

-Wagner G., Brondolo E., Rabkin J., ≪Internalized Homophobia in a Sample of HIV + Gay Men, and Its Relationship to Psychological Distress, Coping and Illness Progression≫, Journal of Homosexuality, vol. 32 (2), 1996.

-Walters A., ≪Bringing Homophobia out of the Closet ≫, Journal of Sex Education Therapy, vol. 21, no 24, 1995.

-Walters A. et Hayes D.,≪Homophobia Within Schools : Challenging the Culturally Sanctioned Dismissal of Gay Students and Colleagues≫, Journal of Homosexuality, vol. 35 (2), 1998.

-Wayne Plasek J. et Allard J., ≪Misconceptions of Homophobia≫, Journal of Homosexuality, vol. 10 (1-2), 1984.

-Weinberg G., Society and the Healthy Homosexual, New York, St. Martin Press, 1972.

-Welzer-Lang D., ≪L'homophobie : la face cachee du masculin≫, in D. Welzer-Lang, P. Dutey et M. Dorais (dir.), La Peur de l'autre en soi. Du sexisme a l'homophobie, Montreal, VLB, 1994.

-Wilkerson A.,≪Homophobia and the Moral Authority of Medecine≫, Journal of Homosexuality, vol. 27 (3-4), 1994.

-Zingo M. T., ≪Sex gender outsiders, hate speach and freedom of expression≫, Westport conn., 1998.

호모포비

첫판 1쇄 발행 2023년 6월 7일
지은이 | 다니엘 보릴로/카롤린 메카리
옮긴이 | 김영신
펴낸곳 | 불란서책방
출판등록 | 제2019-000015호
주소 | 경기도 고양시 일산동구 호수로 336
전화 팩스 | 070 7614 1686
전자우편 | bookfest@naver.com
© 불란서책방 2023

ISBN 979-11-971456-2-9 03300